A RÃ QUE NÃO SABIA
QUE ESTAVA COZIDA...
E OUTRAS LIÇÕES DE VIDA

Olivier Clerc

A RÃ QUE NÃO SABIA QUE ESTAVA COZIDA... E OUTRAS LIÇÕES DE VIDA

Tradução
Susana Schild

Copyright © Editions Lattes, 2005

Título original: *La grenouille qui ne savait pas qu'elle était cuite... et autres leçons de vie*

Capa: Sérgio Campante
Ilustração de capa: Wayne Lockwood – Stock Illustration – Source/GETTY Images
Ilustrações de miolo: Jérôme Chavy

Editoração: DFL

2008
Impresso no Brasil
Printed in Brazil

CIP-Brasil. Catalogação na fonte
Sindicato Nacional dos Editores de Livros, RJ

C566r	Clerc, Olivier, 1961–
	A rã que não sabia que estava cozida... e outras lições de vida/Olivier Clerc; [ilustrações Jérôme Chavy]; tradução Susana Schild. — Rio de Janeiro: Bertrand Brasil, 2008.
	144p. : il.
	Tradução de: La grenouille qui ne savait pas qu'elle était cuite... et autres leçons de vie
	ISBN 978-85-286-1321-6
	1. Técnicas de auto-ajuda. I. Título.
	CDD – 158.1
08-1081	CDU – 159.947

Todos os direitos reservados pela:
EDITORA BERTRAND BRASIL LTDA.
Rua Argentina, 171 — 1° andar — São Cristóvão
20921-380 — Rio de Janeiro — RJ
Tel.: (0xx21) 2585-2070 — Fax: (0xx21) 2585-2087

Não é permitida a reprodução total ou parcial desta obra, por quaisquer meios, sem a prévia autorização por escrito da Editora.

Atendemos pelo Reembolso Postal.

Sumário

Introdução 7

1. A rã na panela de água:
já estamos meio cozidos? 11

2. O bambu chinês:
a preparação no escuro 31

3. A cera e a água quente:
a força da primeira impressão............................ 49

4. A borboleta e o casulo:
a ajuda que enfraquece, a dificuldade
que fortalece 67

5. O campo magnético e a limalha:
modificar o visível agindo sobre o invisível 85

6. O ovo, o pinto... e a omelete:
   da casca ao esqueleto 109

7. A víbora de Quinton:
   meio exterior e força interior 121

Conclusão: cozidas ou não? 141

Introdução

Tudo é linguagem, tudo nos fala: fenômenos naturais, experiências físicas, comportamentos animais etc. Os cientistas, partindo da observação de fatos, depreenderam leis. Poetas, filósofos e sábios, por sua vez, observaram as semelhanças e analogias entre fenômenos distintos que formularam em linguagem simbólica sob a forma de metáforas ou de parábolas, ricas em ensinamentos. Estas evidenciam a unidade subjacente de fenômenos, aparentemente sem relação, mas que são, na realidade, regidos pelos mesmos princípios. Como disse O. M. Aïvanhov:

> A linguagem simbólica, que é a linguagem universal, representa a quintessência da sabedoria. [...] Os símbolos são sementes que podem ser plantadas; dessa forma, você trabalha com uma dezena de símbolos e domina todas as ciências. [...] É importante aprofundar a linguagem dos símbolos, pois, ao fazer aparecer os laços, as relações entre as coisas, ela revela a profunda unidade da vida.[1]

---

[1] O. M. Aïvanhov. *Le Langage des figures géométriques.* Éditions Prosveta.

"A profunda unidade da vida." Está tudo aí. As metáforas e as alegorias ressaltam que as mesmas forças, os mesmos processos, as mesmas leis são aplicadas em todos os níveis: em nós e no nosso entorno, no macrocosmo e no microcosmo, em toda a parte. O conhecimento que ela nos propicia não é analítico, mas sinérgico: ele junta, reúne, mostra os elos.

Outra vantagem das metáforas, sobretudo quando são derivadas da natureza: elas transcendem os séculos e os milênios. Uma das provas é que as parábolas utilizadas por Jesus preservam seu significado até hoje. O mesmo acontece com os símbolos e as imagens que encontramos nos Upanixades* ou na tradição tolteca, por exemplo. Em comparação, você já tentou ler uma obra científica do início do século XX (sem falar dos séculos precedentes)?

O saber envelhece, o conhecimento não. Um signo sofre a corrosão do tempo, não um símbolo. Um fruto deteriora, uma semente se conserva através dos séculos. Isso porque um símbolo, uma imagem, é revigorado por nossa própria vivência, nossa experiência, nosso imaginário. Daí a etimologia da palavra "conhecer": nascer com. A linguagem simbólica é verdadeiramente portadora do conhecimento: nossa participação é necessária para que ela adquira vida.

---

* Upanixades: parte das escrituras Shruti hindus que discutem, entre outros temas, meditação e filosofia e são consideradas instruções religiosas pela maior parte das escolas de hinduísmo. (N.T.)

Os apreciadores de etimologia não deixarão de observar que a palavra "símbolo" é o contrário de "diabo": *sumbollein* em grego — literalmente "jogar junto" — significa juntar, reunir, enquanto *diabollein* significa separar, dividir. O diabo, poderíamos dizer, representa mais o espírito da divisão do que um personagem com chifres, cascos, cauda pontuda e pele vermelha. Em uma época em que o espírito analítico reina como senhor, favorecendo o individualismo feroz, a fragmentação social, a redução do mundo a números, a estatísticas e a dados sem vida, nós podemos, graças aos símbolos, reintroduzir a vida, a poesia, a imaginação, o elo e o sentido no mundo.

As sete metáforas e alegorias que escolhi para este livro falam de consciência, de mudança, de evolução, inspirando-se sobretudo em fenômenos naturais ou experiências físicas. Inevitavelmente, suas respectivas mensagens se entrecortam, se completam, se enriquecem: na visão unitária própria dos símbolos, nenhuma coisa está completamente separada de outra.

Cada metáfora se presta, evidentemente, a diversas interpretações, a várias leituras não excludentes entre si, da mesma forma que o símbolo do círculo e do ponto, por exemplo, tanto serve para representar o Sol como o homem e, às vezes, todo o universo. Ao ler este livro, você certamente descobrirá, nas alegorias apresentadas, outras mensagens além das que eu proponho: melhor assim. O objetivo é justamente que elas ganhem vida, tornem-se suas, impregnem-se de sua vida e de seu imaginário, e possam assim continuar a alimentar, a instruir, a serem úteis, como foram e ainda são para mim.

Só me resta desejar: "Boa viagem na Alegoria!"

Olivier Clerc

1.

A rã
na panela de água:
já estamos meio cozidos?

Imagine uma panela cheia de água fria, na qual nada tranqüilamente uma rã. Acende-se o fogo sob a panela. A água esquenta lentamente. Logo fica morna. A rã considera a temperatura agradável e continua a nadar.

A temperatura começa a subir. A água fica quente. Um pouco além do que a rã aprecia, mas ela não se perturba, sobretudo porque o calor leva ao cansaço e ao entorpecimento.

Agora a água está quente de verdade. A rã começa a achar a temperatura desagradável, mas ela também está enfraquecida, por isso a suporta, esforça-se para se adaptar e não faz nada.

Dessa forma, a temperatura da água aumenta progressivamente, sem mudança brusca, até o momento em que a rã terminará, simplesmente, morrendo cozida, sem jamais ter sido retirada da panela.

14

Caso fosse posta subitamente em uma panela a 50 graus, a mesma rã teria tido imediatamente um saudável movimento das patas e pularia para fora.[2]

Essa experiência[3] é rica em ensinamentos. Ela nos mostra que uma deterioração suficientemente lenta escapa à nossa consciência e a maior parte do tempo não provoca reação, oposição ou revolta de nossa parte. Não é exatamente isso que observamos hoje em vários setores?

A saúde, por exemplo, pode se deteriorar de forma imperceptível, mas efetiva. A doença é geralmente resultado de uma alimentação desvitalizada, industrializada, imprópria ou mesmo tóxica, associada à falta de exercício, ao estresse e a uma gestão ineficaz de nossas emoções e relações. Algumas doenças levam assim dez, vinte ou trinta anos para se manifestarem, o tempo que nosso corpo e nossa psique atingem a saturação de toxinas, de tensões, de bloqueios, de não-ditos, de resistência. Nossa adaptação a certos desconfortos menores, somados à perda de sensibilidade e vitalidade, faz com que não reajamos a esse enfraquecimento indolor de nossa saúde

---

[2] Parece que essa alegoria foi apresentada pela primeira vez no livro de Marty Rubin, publicado em 1987, *The Boiled Frog Syndrome*.

[3] ...que eu certamente não recomendo.

antes que apareçam patologias mais profundas, mais graves e mais difíceis de serem tratadas.

Muitos casais vivem também uma degradação progressiva. Quem pode afirmar: "Nossa relação começou a ir mal no dia 23 de novembro, às 15 horas"?... É pouco a pouco que a qualidade de nossas relações, no caso de ser mantida, se deteriora. Os não-ditos, as incompreensões, os rancores se acumulam sem serem tratados, sem que falemos deles ou que busquemos uma solução em conjunto. Como um jardim que não é cuidado, onde as ervas daninhas aparecem e a anarquia se instala progressivamente, um casal que não cuida da relação não percebe como esta declina de forma imperceptível mas constante, até o momento em que a situação se torna insustentável; daí os altos índices de divórcio na sociedade moderna (sem falar das separações não registradas pelas estatísticas).

No plano agrícola e ambiental, a alegoria da rã nos fala do envenenamento progressivo do solo, do ar e da água, ainda mais insidioso e perigoso do que as catástrofes difundidas pela mídia. Impregnados de produtos químicos (fertilizantes, pesticidas), os solos perdem imperceptivelmente, a cada ano, um pouco mais de sua massa mineral. Com o passar dos anos, são necessários mais insumos para que a terra dê frutos, a tal ponto que, em breve, sem esses insumos, ela se tornará improdutiva. Da mesma forma, ao lado das grandes poluições que viram notícia, como a do caso *Prestige*,* devemos temer mais os escapamentos cotidianos de gás e as poluições crônicas que atingem mares e oceanos, que são nocivos de uma forma diferente, tanto pela importância acumulativa como pelo efeito progressivo: lento, pouco visível, mas perigoso. Esse efeito ainda não provocou, até o momento, nenhum saudável "movimento das patas" ecológico para liberar a rã — quer dizer, todos nós — dessas águas infectas.

No plano social, observa-se um declínio regular e constante de valores morais e éticos. De ano a ano, essa degradação ocorre de forma lenta demais para incomodar alguns de nós. No entanto, como a rã que mergulhamos bruscamente na água a 50 graus, bastaria pegarmos um cidadão médio do início dos anos 80 e, por exemplo, fazê-lo assistir à televisão de hoje ou ler os jornais atuais para observar de sua parte uma inevitável reação de estupefação e incredulidade. Ele custaria a acreditar que um dia seria possível escrever artigos tão medíocres quanto ao conteúdo e desrespeitosos na forma como os que lemos hoje em dia, ou que se pudesse exibir na televisão o gênero de programação débil que nos é apresentada diariamente. O aumento da vulgaridade e da grosseria, o

---

* *Prestige*: nome do petroleiro que afundou na costa espanhola em 2002. O derrame de mais de 50 mil toneladas de óleo provocou uma maré negra de 200km nesse que é considerado um dos mais graves acidentes ecológicos europeus. (N.T.)

desaparecimento de limites e da moral, a relativização da ética aconteceram de forma tão lenta que poucos perceberam ou acusaram.

Da mesma forma, se pudéssemos ser subitamente mergulhados no ano 2025 e observar as transformações do mundo, se ele continuar na mesma direção, provavelmente ficaríamos ainda mais surpresos, de tal forma o fenômeno se acelera (aceleração tornada possível pela velocidade na qual, bombardeados por novas informações, perdemos todas as referências estáveis). Além disso, notemos que os filmes futuristas nos apresentam um futuro "hipertecnológico" dos mais negros.

Eu poderia prosseguir com outros exemplos do mesmo fenômeno na política ou na educação, mas o princípio é bastante evidente para que cada um possa discernir as manifestações lá e cá por si mesmo. No entanto, quero deixar claro que, ao chamar a atenção para este lento processo de declínio, não tenho por objetivo parecer catastrófico ou idealizar um passado distante em que a saúde, a família e a moralidade foram melhores, um passado claramente mítico. Esta constatação visa sobretudo a ressaltar que, quando uma situação resulta de uma evolução que se estende por um longo período, as soluções rápidas e de curto prazo que empreendemos para remediá-las são geralmente inadequadas, quando não contribuem — com o tempo — para agravar a referida situação. Não se trata, portanto, de retroceder a um passado supostamente ideal, mas distinguir, nas nossas tentativas de melhorar o presente, o que não é ilusão.

Dessa forma, em termos de saúde, nossa recusa em considerar essa lenta degradação gera, de nossa parte, um consumo cada vez mais intenso de medicamentos e tratamentos de todos os gêneros. Os "custos da saúde" astronômicos (que são na realidade os custos da doença), longe de serem sinal de uma sociedade saudável que progride, são a marca de uma política sanitária que ignora as causas profundas da doença e que, ao trazer apenas soluções rápidas, sintomáticas e superficiais, contribui a longo prazo para prolongar as patologias e torná-las mais complexas. Apenas uma política de prevenção e educação de saúde permitiria começar a reorientar de forma consistente a deriva hipermedicalizada da saúde, considerando que precisaríamos de pelo menos uma geração para começar a ver os primeiros resultados.

Da mesma forma, no nível social, não controlaremos o aumento da violência e da delinqüência, estreitamente ligado à perda dos valores já evocados, apenas pela multiplicação dos meios de repressão, de policiais, de agentes de segurança, de câmeras de vigilância. Enquanto não levarmos em consideração as causas globais e profundas desse fenômeno, que remontam a várias décadas, as soluções pontuais a serem aplicadas — que, por motivos eleitorais, devem evidentemente ser rápidas e pretensamente eficazes (ao menos na aparência) — apenas nos oferecerão um prazo efêmero antes de uma recidiva em escala ainda mais ampla. A sociedade ocidental moderna parece um balão que se esvazia e cuja forma nós tentamos, inutilmente, preservar com cola de amido: na impossibilidade de insuflar um suplemento de alma que falta desesperadamente à sociedade, nos contentamos em endurecer as estruturas através de leis e decretos de todas as espécies, cuja multiplicação é um sinal de má saúde moral.

O que a alegoria da rã nos ensina é que, cada vez que uma deterioração é lenta, fraca, quase imperceptível, devemos ter uma consciência muito aguda, ou uma boa memória, para nos darmos conta do que ocorre, ou ainda um paradigma confiável que nos permita avaliar a situação. No entanto, esses três fatores parecem hoje bem raros:

1. Sem consciência, tornamo-nos menos que humanos, movidos apenas pelos instintos e automatismos. A consciência torna-se, portanto, uma condição *sine qua non* de nossa humanidade: sem ela, não há pensamento verdadeiro, reflexão, livre-arbítrio. Inconsciente, o homem dorme, no sentido real ou figurado. É por isso que o "despertar" está no centro de todas as formas de espiritualidade.[4]

---

[4] Algumas pessoas chegam ao ponto de ensinar como tornar-se consciente de seus sonhos, através da via tolteca, como descreveu Carlos Castaneda, ou do budismo tibetano, sobretudo as Seis Iogas de Naropa, das quais uma é dedicada ao estado de sonho.

2. Privados de memória, poderíamos passar os dias, da manhã à noite (e vice-versa), sem nos darmos conta, minimamente, do mundo, uma vez que as mudanças de intensidade luminosa são demasiado lentas e sutis para serem percebidas pela pupila humana.[5] É a memória que nos faz tomar consciência *a posteriori* da alternância entre o dia e a noite, assim como é ela que nos permite avaliar todas as transformações sutis que ocorreram em nós e em torno de nós em um ritmo muito lento. Sem memória, não haveria comparação, não haveria discernimento e, portanto, a evolução não seria possível.

3. Por fim, poder-se-ia dizer que uma das razões pelas quais a rã termina cozida se deve ao fato de que ela não dispõe de outro termômetro além da sua pele para avaliar a evolução progressiva da temperatura: ela não tem um padrão antigo confiável com o qual comparar a evolução da situação. E quanto a nós? Quais são os nossos padrões? Como avaliamos a "temperatura ambiente"? Segundo quais referências determinamos a qualidade de nossa vida, de nossa saúde, da sociedade?

---

[5] Descobri as premissas da alegoria da rã, acidentalmente, no ginásio, quando fui encarregado da iluminação de uma peça de teatro: o diretor tinha me solicitado para efetuar todas as mudanças de intensidade luminosa de forma tão lenta que o olho do espectador fosse incapaz de detectá-las. Fiquei surpreso ao constatar que, efetivamente, abaixo de uma certa velocidade, apenas a memória poderia, por comparação, nos assinalar que a situação fora modificada.

21

Antes de nos pesarmos, verificamos se o ponteiro da balança está sobre o zero. Antes de utilizarmos um medidor, nós o aferimos, para que suas indicações sejam confiáveis. E quanto aos nossos próprios "medidores" internos? Conhecemos as influências socioculturais, familiares, religiosas e outras que determinaram sua aferição, muitas vezes sem nos darmos conta?

O que permite que as coisas se degradem sem suscitar uma reação de nossa parte é, decerto, uma confiança excessiva nas nossas próprias avaliações — necessariamente subjetivas — e também o nosso questionamento prematuro de antigos padrões coletivos, substituídos por outros de geometria variável. Os antigos padrões são aqueles estabelecidos pelas religiões, determinando, por um lado, os abismos protegidos pelas interdições e, de outro, os ideais a serem atingidos. Podemos traçar um paralelo com a maneira pela qual se cria um termômetro: em um tubo cheio de mercúrio, marcam-se os níveis atingidos quando é mergulhado na água fervendo e depois na água gelada, graduando-se, em seguida, os espaços. Se a escolha do sistema de gradação for arbitrária, as condições serão as mesmas para a água fervendo ou gelada, quer se utilizem as escalas Celsius ou Fahrenheit para aferi-las. De maneira análoga, quer tenhamos como referência uma religião ou outra, os atos mais louváveis ou os mais abjetos permanecem os mesmos, embora cada tradição tenha suas próprias nuances. Quanto aos novos padrões morais e espirituais, eles nos oferecem limitada perspectiva superior, satisfazendo-se em indicar um nível inferior cujo jogo, atualmente, consiste em rebaixar os limites sempre um pouco mais. O idealismo ficou ultrapassado. "Até onde podemos rebaixar-nos?" parece ser a ordem do dia moderna. A imoralidade de hoje torna-se, assim, a moral de amanhã, um mergulho dantesco em direção aos limites mais baixos da humanidade.

Com essa afirmação, não preconizo nem o fundamentalismo nem a filiação às religiões estabelecidas — aliás, tampouco as rejeito —, mas sim a necessidade de estabelecermos um referencial que tenha um limite inferior não negociável e, sobretudo, um ideal edificante. Sem a perspectiva de um futuro melhor, como progredir? Sem novos horizontes, qual a vantagem de nos movimentarmos? O ideal é um remédio válido tanto para o *status quo* como para o declínio.

Resultados:

— Embrutecida por um excesso de estímulos sensoriais, nossa consciência adormece.

— Saturada por excesso de informações inúteis, nossa memória enfraquece.

— Privados de padrões, não dispomos mais de referências estáveis.

— Asfixiados pelo materialismo e consumismo, nosso ideal se deteriora e morre.

* * *

Inconsciente, amnésica e indiferente, a rã pode apenas deixar-se cozinhar... E é assim que uma parte da sociedade afunda na obscuridade moral e espiritual, com a progressão de delitos sociais, a degradação ambiental, a deriva faustiana da genética e das biotecnologias e o embrutecimento em massa — entre outros sintomas — que traduzem globalmente essa evolução.

O princípio da rã na panela de água é uma armadilha da qual nunca desconfiaremos o suficiente se tivermos por ideal a busca da qualidade, da evolução, do aperfeiçoamento, se recusarmos a mediocridade, o *status quo*, o *laisser-faire*.* Na verdade, a lei da matéria, entregue a si mesma, é a entropia. Aquilo de que não cuidamos, o que é deixado ao abandono, definha, sucumbe, degrada-se, quer se trate de um corpo, de uma relação, de um jardim, de uma organização social, de um país etc. Tudo requer manutenção, energia, vigilância, esforço.

Esforço? A palavra está prestes a se tornar indecente. "Perder peso sem esforço", "Enriquecer sem esforço", "Abrir os chacras e atingir a iluminação sem esforço": esses *slogans* (ou variações menos explícitas) nos são propostos em incontáveis mídias. "Tudo, rapidamente, sem esforço... e se possível, grátis": esse é o ideal que pretendem nos vender atualmente. "Deixe conosco, nós cuidamos de tudo!", explicam-nos. Ah, é? Tudo bem... O mais chocante é que alguns autores não hesitam em

---

* Deixar as coisas como estão. (N. T.)

deturpar consideráveis princípios espirituais para justificar uma forma, digamos, "iluminada" de *laisser-faire*, na suposição de levar seus adeptos à conquista em todos os níveis: a abundância está ao alcance da mão, o universo "conspira" para nos tornar ricos e felizes... Como rãs dóceis, muita gente se deixa convencer a continuar passiva, na água fervente que — com certeza! — irá se transformar em néctar da saúde e em elixir da imortalidade. Bobagens, evidentemente: na ausência do esforço, de um investimento constante de energia, as coisas, simplesmente, "não acontecem". E a facilidade imediata que nos propõem — ainda por cima de graça! — esconde geralmente uma fatura salgada mais tarde, como ilustra a história do dr. Fausto.

O grande perigo do princípio da rã na panela de água é que, à medida que a situação se deteriora, as faculdades que permitem avaliar essa deterioração também se alteram. Como uma pessoa cansada que adormece ao volante: quanto maior o cansaço, menor a consciência de seu enfraquecimento e menor a percepção de sua sonolência — os olhos, em vez de simplesmente piscarem, começam a ficar fechados por um tempo cada vez maior. Como cantava Georges Brassens:

> Entre nós se diz, gente boa,
> Para reconhecer
> Que não somos inteligentes,
> Seria necessário sê-lo.

Da mesma forma, eu deveria estar consciente para constatar que estou inconsciente. Para me dar conta de que perdi minha capacidade de atenção, seria necessário que eu estivesse atento. O paradoxo da evolução pessoal é que, a cada etapa, adquiro, retrospectivamente, consciência do grau anterior, em que não estava livre, consciente, esclarecido em relação ao nível atingido desde então. Sabendo disso, seríamos sensatos em reconhecer o caráter relativo e limitado de nossa consciência atual e das percepções e apreciações decorrentes e, portanto, de não lhe dar mais crédito do que merece, e procurar constantemente nos superarmos, atingir uma consciência mais elevada e uma percepção mais correta. Dito de outra maneira, deveríamos cultivar uma forma saudável de dúvida: não a que impede de seguir em frente, que tudo ataca e critica, mas a que não se satisfaz com as aparências, a que nos impulsiona a verificar, a ir mais longe, a questionar as coisas, a nos colocarmos, assim como nossas certezas, em questão.

De maneira mais geral, como não cair na armadilha da rã na panela de água, individual ou coletivamente? Através da expansão e do aumento ininterrupto de nossa consciência, por um lado, e do aguçamento da nossa memória para preservar os elementos de comparação entre o passado e o presente. Por outro lado, também, através da possibilidade de recorrer a padrões confiáveis para avaliar as mudanças, a padrões escolhidos criteriosamente entre os menos sujeitos às flutuações da moda, épocas e tendências. Enfim, transformando ideais elevados em combustível para uma constante auto-superação.

Não é por acaso que o encadeamento e o desenvolvimento da consciência são um dos pontos comuns a todas as práticas espirituais: consciência de si mesmo, consciência do corpo, consciência da linguagem, consciência de pensamentos e emoções, consciência do outro, estados superiores de consciência. Além de todos os dogmas, de todas as doutrinas, de todas as ideologias, deveríamos, aliás, considerar a expansão e o aumento de nossa consciência — bem mais do que apenas o desenvolvimento das faculdades intelectuais — como um comportamento fundador de nosso estatuto de humano e motor indispensável à nossa evolução.

Quanto à memória, em um mundo com excesso de informação, é indispensável saber hierarquizar nossas lembranças, marcando com um carimbo de consciência as mais importantes, assim como praticar o esquecimento seletivo[6] a fim de abrir espaço para o essencial. Para falar da memorização, usamos "decorar" e "saber de cor". O que decoramos não resiste muito tempo ao

---

[6] Diversos trabalhos sugerem que nada na verdade é esquecido, que tudo deixa um traço. Por "esquecimento seletivo", entendo principalmente o fato de liberar a "memória viva", a que utilizamos mais correntemente, em oposição à "memória morta" do "disco rígido", que contém todas as nossas lembranças, enterradas com mais ou menos profundidade.

esquecimento: é a lição decorada para a prova, esquecida no dia seguinte. Em contrapartida, o que aprendemos "de cor" (de coração) resiste aos anos: nossa lembrança não é mais apenas aérea, mental, como um balão que sobe às alturas assim que o soltamos; ela é mais densa, impregnou-nos como um líquido impregna uma esponja. Dessa forma, sua tinta nos deixa um traço profundo. Se quisermos nos lembrar de coisas importantes, é preciso nos apaixonarmos por elas, pegá-las de cor, no sentido próprio e figurado.

Finalmente, não faltam referências e fontes de inspiração para padrões e ideais constituídos. Sem dúvida, posso não ter mais afinidades com a tradição na qual fui criado, por exemplo, ou avaliar que alguns preceitos não são mais adequados ao momento atual: mas, se a forma muda, evolui, o espírito permanece. Não joguemos fora o bebê com a água do banho. Temos a oportunidade de viver em uma época na qual a sabedoria das culturas de todo o mundo e de todos os tempos está acessível a um maior número de pessoas e, cada vez mais, os representantes de diversas tradições trabalham para reformular a mensagem de uma forma adaptada ao nosso tempo e acessível a todos.[7] Temos como encontrar mais referências e inspirações das quais necessitamos.

---

[7] A título de exemplo: O. M. Aïvanhov, pela mensagem cristã, Lama Yeshé, pelos tibetanos, Don Miguel Ruiz, pelos toltecas, Sobonfu Somé, pela sabedoria africana, entre tantos outros.

28

* * *

Uma última palavra antes de concluir essa primeira alegoria. O princípio geral dessa metáfora — a não percepção de uma mudança progressiva e, portanto, a falta de uma reação adequada — funciona também de forma positiva, mesmo se fosse desejável encontrar uma alegoria mais específica que não terminasse com uma rã cozida. Na verdade, as mudanças produzidas em nós e em torno de nós, em grande ou pequena escala, não são todas negativas! Mesmo as positivas podem passar despercebidas. Individualmente, por exemplo, os esforços cotidianos realizados para um aprimoramento (trabalho interior, meditação, oração) não produzem efeitos visíveis a curto prazo. Da mesma forma, a evolução dos direitos civis ou das condições de trabalho, por exemplo, também ocorrem lentamente, ao longo de muitas décadas. Quando falhamos em perceber essas mudanças — dessa vez positivas — também sofremos conseqüências nefastas, embora diferentes da forma negativa do mesmo fenômeno. Se não vemos os resultados de nosso trabalho interior, podemos nos desencorajar e desistir, enquanto que, com um pouco mais de perseverança, veríamos subitamente nossos esforços recompensados. Da mesma forma, se não percebemos as vantagens que usufruímos e os direitos dos quais nos beneficiamos, podemos cultivar a ingratidão, a insatisfação e nos mostrar incapazes de apreciar os frutos de uma evolução talvez lenta, mas comprovada.

Isso significa, portanto, que o elemento mais importante da alegoria da rã é a ausência de consciência da mudança, seja positiva ou negativa, já que, em ambos os casos, essa inconsciência nos é prejudicial. O primeiro remédio é o mesmo para os dois casos: consciência, consciência e mais consciência. É dela que depende todo o resto: de que nos serve a memória, para quê um bom exemplo ou um bom ideal se não tivermos consciência?

A esse respeito, eis uma pequena anedota, relatada em meu primeiro livro, já esgotado:[8] aos 20 anos de idade, eu procurava ficar consciente em meus sonhos para reproduzir as experiências que havia lido em várias obras sobre espiritualidade. Diante dos fracos resultados obtidos através dos métodos encontrados nos livros, decidi desenvolver um método próprio. Fiel à lógica, imaginei que, para estar consciente em sonho, seria necessário estar mais consciente na realidade. Escrevi então com caneta hidrográfica a letra "C" sobre minha mão esquerda a fim de me lembrar, sempre que possível, de estar consciente ao longo do dia. Cada vez que eu via a letra (ou seja, muito freqüentemente), criava uma "pausa de consciência" de alguns segundos: interrompia o que estava fazendo, tomava consciência de quem eu era, de onde me encontrava, das escolhas que me eram oferecidas, de meu livre-arbítrio etc. Menos de uma semana após o começo dessa

---

[8] O. Clerc, *Vivre ses rêves*: techniques pour programmer ses rêves et induire des rêves lucides, 1983.

prática, comecei a fazer "pausas de consciência" no meio dos meus sonhos, o que me permitia ter sonhos conscientes freqüentes que eu poderia dirigir à vontade. Mas, ao final das contas, esses sonhos lúcidos eram apenas um dos benefícios secundários trazido pelo aumento da minha consciência cotidiana, em todas as situações da minha vida. No sonho, quando nos tornamos conscientes, todas as percepções ficam subitamente aguçadas: a luminosidade é mais forte, as cores são mais vivas, o som (principalmente da própria voz) mais potente. Despertos, todo acréscimo de consciência intensifica de forma análoga a qualidade daquilo que vivemos.

Da Alegoria da Caverna de Platão à recente trilogia *Matrix*, passando por uma farta literatura espiritual, a necessidade de estar consciente, de "despertar", de não confiar nas percepções oníricas, sempre foi ressaltada com insistência. Enquanto alguns lutam para transformar o *Homo sapiens* em *Homo zappiens*,[9] no embrutecimento da TV (versão moderna da caverna de Platão, em que as imagens a cores sucedem as sombras projetadas sobre muros), ganharíamos promovendo o *Homo consciens*, o homem desperto e consciente, saído do caldo da cultura ambiente, de preferência, em vez do homem... rã!

---

[9] Ler, a esse respeito, a pequena obra de René Blind e Michael Pool *Éduquer l'Homo zappiens*, Éditions Jouvence.

2.

O bambu chinês: a preparação no escuro

Conta-se que existe na China um tipo de bambu muito especial. Se plantarmos sua semente em um terreno propício, é preciso que tenhamos paciência... De fato, no primeiro ano, nada acontece: nenhuma haste se digna a sair do solo, nenhum sinal de crescimento. No segundo ano, tampouco. No terceiro? Mesma coisa. E no quarto, então? Nadinha. Apenas no quinto ano o bambu, finalmente, expõe a ponta da haste na terra. No entanto, ele irá crescer doze metros em apenas um ano: que "recuperação" espetacular! A razão é simples: durante cinco anos, apesar de nenhum sinal sobre a superfície, o bambu desenvolve secretamente raízes prodigiosas, graças às quais, no momento adequado, estará em condições de fazer uma entrada triunfal no mundo visível, à luz do dia.

34

* * *

A alegoria da rã provoca reflexão para uma transformação que ocorre de forma muito lenta, imperceptível. A do bambu chinês nos fala de uma transformação repentina, rápida, espetacular. As duas estão, no entanto, estreitamente ligadas.

O bambu chinês nos ensina muitas coisas importantes. Para começar, ele nos mostra que não é porque nada vemos que nada acontece. Em seguida, ele indica que algumas mudanças bruscas ou às vezes instantâneas podem ser resultado de uma evolução lenta — essa, sim, imperceptível para nós.

É o caso, por exemplo, do fenômeno da precipitação em química: temos dois tubos de ensaio com líquidos diferentes, transparentes; vertemos o conteúdo de uma cânula para outra, gota após gota, lentamente. Não se nota nenhuma diferença até o momento em que acrescentamos uma gota a mais da primeira cânula na segunda — apenas uma gota — e pronto! A precipitação ocorre, a solução torna-se subitamente azul e cristalina. Quem não tivesse acompanhado a evolução do trabalho e visto apenas a última gota ser vertida poderia concluir apressadamente que foi esta que provocou a reação.

Encontramos um fenômeno similar em eletricidade, com condensadores. Esses aparelhos (que servem, por exemplo, aos pisca-piscas ou aos limpadores de pára-brisa de nossos carros) acumulam corrente elétrica até atingir uma determinada carga, limiar que permite sua liberação imediata, acionando uma lâmpada ou um motor.

35

Por fim, um último exemplo de física: os elétrons gravitam em torno do átomo em diferentes órbitas, cada uma correspondendo a um certo nível de energia. Nenhum elétron pode gravitar entre essas órbitas. Isso significa que, para mudar de órbita, um elétron deve acumular toda a quantidade de energia que separa sua órbita da seguinte. Se possuir 90% da energia da órbita seguinte, ele permanece em sua órbita atual: nós só vemos a energia acumulada quando o elétron muda bruscamente de órbita, no momento em que atingiu plenamente a energia necessária para dar esse passo. Essa quantidade de energia chama-se *quantum*: fala-se, portanto, de um "salto quântico" quando um elétron muda de órbita. Por extensão, este termo passou a qualificar todas as mudanças radicais produzidas apenas sob a condição de que um determinado limiar prévio tenha sido atingido. Da mesma forma, o bambu chinês só realiza seu crescimento excepcional de doze metros após desenvolver uma rede de raízes capaz de fornecer a seiva necessária a essa proeza.

Podemos observar o fenômeno do bambu chinês em muitas áreas humanas. Ignorá-lo nos conduz muitas vezes a interpretações equivocadas de certas situações, seja nos alarmando inutilmente por uma aparente falta de mudanças positivas, seja, ao contrário, fundamentando nossa calma e nossa segurança sobre a ausência enganadora de mudanças negativas — as quais não tardarão, no entanto, a se revelar.

Em matéria de educação, por exemplo, algumas crianças progridem de forma constante e regular, enquanto outras parecem estagnadas, sem evolução, acumulando atrasos. No entanto, entre elas, muitas vezes se encontram "crianças bambus" que, após atingirem um determinado estágio de sua imperceptível maturação interior, irão repentinamente dar largos passos em sua evolução, alcançando, e às vezes superando, aqueles que comparativamente as tornavam atrasadas. A título de ilustração, conta-se que Einstein só falou aos três anos de idade e que, aos sete, era considerado "retardado"... Um melhor conhecimento da psicologia do indivíduo — há testes de todos os gêneros[10] — nos permitirá distinguir essas crianças daquelas que apresentam um retardo real. Pais e educadores evitariam assim preocupações inúteis, e esses alunos de desenvolvimento quântico deixariam de ser objeto de pressões tão inúteis para acelerar sua evolução natural como ameaçar uma semente que demora a germinar.

Encontramos assim o bambu chinês na área do desenvolvimento pessoal, da psicoterapia e até da espiritualidade. Diferente dos conhecimentos intelectuais que adquirimos de forma bastante linear, por acumulação e memorização de diversos dados, as mudanças que afetam

---

[10] O que falta, principalmente, é o tempo e a disponibilidade para detectar esses casos, sabendo que, na escola pública, as turmas são cada vez mais numerosas para que o professor possa ter uma relação pessoal com cada um dos alunos.

nossa psique — o coração, os sentimentos, as emoções, as marcas do passado — e aquelas que atingem nossa dimensão sutil — a alma e o espírito — se realizam mais freqüentemente de forma análoga às do bambu. Assim, por exemplo, contentarmo-nos em compreender intelectualmente os problemas psicológicos ligados à nossa infância dificilmente acarretará uma mudança, uma libertação. É quando a carga emocional de nosso passado (a noção de carga referida anteriormente) consegue expressar-se que, subitamente, atingimos um novo nível de consciência. Alguns psicoterapeutas, inclusive, favorecem esse processo solicitando a seus pacientes que sigam um regime rico em frutas e legumes crus para aumentar o número de eletrólitos do corpo, o que ajuda a efetuar a libertação emocional.[11] Da mesma forma, a maior parte dos métodos de meditação, de disciplinas ou asceses às quais se entregam seus adeptos, não produz resultados imediatos (ou, pior, quando não começa a dar a impressão de agravar o estado dos praticantes).[12] Apenas ao fim de meses ou — mais freqüentemente — de anos de prática, uma transformação se manifesta, algumas vezes em pouco tempo. Os adeptos de uma disciplina espiritual que ignoram essa lenta transformação não visível — pre-

---

[11] Ler, a esse respeito, *Sentiments profonds, guérison profonde*, de Andy Bernay-Roman, Ed.Vivez Soleil, 2004.

[12] Esse agravamento muitas vezes não é aparente e resulta do aumento da consciência conquistado por essas práticas.

lúdio para o acesso a um novo estado de consciência ou para o despertar de novas possibilidades — podem se desencorajar e avaliar que seus esforços são inúteis e improdutivos, embora estejam, talvez, a poucos passos de verem seu trabalho coroado de êxito. Além do princípio específico do bambu chinês, devemos saber que nada se perde, que todo esforço produz, cedo ou tarde, um resultado, mesmo que não seja possível antever esse momento.

Do lado negativo, o princípio do bambu chinês pode nos reservar surpresas desagradáveis, de uma forma que apresenta ao mesmo tempo semelhanças e diferenças com a alegoria da rã. Nesta última, na verdade, a mudança é lenta, embora permaneça perceptível para aquele que tem a consciência aguda ou uma boa memória. Já no caso do bambu chinês, a mudança não é perceptível, mas escondida, subterrânea: ela só pode ser percebida com a utilização de métodos específicos, escavando a terra, conseguindo perceber o que se passa em um nível sutil, antes que este se concretize.

Em termos de saúde, alguns comportamentos (fumar, por exemplo) ou certas carências — de ferro — provocam uma lenta degradação que podemos observar, no entanto, se permanecermos atentos. Nesses casos, corresponderiam à história da rã. Outras mudanças, por sua vez, classificadas na categoria "bambu", são imperceptíveis pelos nossos sentidos comuns. Elas só se revelam abruptamente quando é tarde, às vezes tarde demais. É o caso da fragilidade óssea ou da degradação do aparelho circulatório proveniente de uma alimentação desequilibrada, lento prelúdio para diversas fraturas ou acidentes vasculares que revelam, de forma tardia e abrupta, uma deterioração que passou despercebida.

Da mesma forma, na agricultura, o uso de fertilizantes ou pesticidas químicos produz uma desmineralização — imperceptível, mas perigosa — dos solos sem nenhum sinal a olho nu[13] e que — ultrapassado um limiar fatídico — desencadeia um processo de desertificação irreversível, descrito principalmente por Philippe Desbrosses em *Le Krach alimentaire* (Éditions du Rocher). Regiões inteiras, como a Beaucé, por exemplo, poderiam um dia, repentinamente, transformar-se em deserto, como já aconteceu por outros motivos em regiões tão verdes e férteis, como o Iraque e o Irã antigamente.

Dito de outra forma, os grandes perigos muitas vezes não são os mais visíveis. Podemos ver manchas de petróleo no mar. Mas, quando o frágil equilíbrio da composição da água, indispensável à sobrevivência dos vegetais e peixes que dela dependem, começa a se romper, quando certos componentes começam a faltar ou, ao contrário, a se multiplicar, nós não o vemos. É às vezes o desaparecimento repentino de uma espécie vegetal ou animal que

---

[13] Salvo com a realização de uma análise do solo ou dos frutos e legumes que produz.

nos sinaliza uma degradação ocorrida de forma imperceptível, pelo fato de que alguns nutrientes essenciais à sua sobrevivência não estão mais disponíveis.

A alegoria do bambu nos ensina também a não confiarmos nas aparências perigosamente enganosas. Dos gases causadores do efeito estufa — alguns dos quais levam trinta anos para atingir o nível da atmosfera no qual produzirão seus danos — à exposição cotidiana aos fios de alta tensão — que, ao fim de vários anos, terminam por provocar câncer —, em tudo que se extrai dessa alegoria, existe um "efeito retardado" passível de conseqüências funestas.

Encontramos também na parábola do bambu chinês a noção de "massa crítica", tão falada hoje em dia. Quando se trata de divulgar uma nova idéia, constatamos que é possível que transcorra um período relativamente longo, durante o qual todos os esforços realizados nesse sentido parecem ter exercido pouco ou nenhum efeito. Um dia, ninguém sabe quando, um limite é ultrapassado e repentinamente a idéia se espalha como um rastilho aceso. Em pouco tempo não se consegue nem mesmo imaginar que houve um período em que determinada noção era desconhecida. Consideremos a pedofilia. Não se trata de um fenômeno novo em si, nem de algo que tenha subitamente adquirido uma dimensão mais expressiva: o que aconteceu, na verdade, é que, graças aos esforços incansáveis de algumas associações em sensibilizar a opinião e os poderes públicos para o problema, o fenômeno atingiu a "massa crítica", ou seja, um número suficiente de pessoas bem informadas, para que subitamente, como a haste do bambu, a questão viesse à tona e atingisse nossa consciência.

Em um outro registro, Élisabeth Kübler-Ross, pioneira no acompanhamento de pessoas em estado terminal, conta como lutou sozinha para a sensibilização do meio médico para esta questão. Ela combateu e trabalhou incansavelmente para que fosse levada em conta a necessidade de acompanhar as últimas etapas da vida, encontrando apenas oposição e depreciação, até o momento em que decidiu renunciar, desesperada. Foi então, conta, que viveu um dos acontecimentos mais inacreditáveis de sua existência. No dia em que se preparava para comunicar sua demissão ao chefe, uma das pessoas que acompanhou até a morte apareceu em seu escritório (!) para dizer-lhe que não desistisse, pois seu trabalho brevemente teria êxito. Sem essa intervenção do além, Élisabeth não saberia que estava apenas a um passo de ver seus esforços recompensados. Ela não teria visto que seu trabalho, longe de ser em vão, tinha estabelecido uma poderosa rede de raízes subterrâneas das quais ela brevemente obteria uma haste promissora, em plena luz. De fato, apenas alguns meses após esse incidente perturbador, seu trabalho começou a suscitar um interesse sempre crescente, a ponto de que, hoje em dia, o acompanhamento desses pacientes parece óbvio.

* * *

Em uma época que cultua do imediatismo ao excesso — "tudo, tudo imediatamente, sem esforço", como escrevi antes —, a alegoria do bambu chinês nos ensina a perseverança, o trabalho a longo prazo, a recusa à resignação. "É preciso algumas semanas para fazer uma salada, mas cem anos para fazer um carvalho", adorava repetir O. M. Aïvanhov. Em comparação com o carvalho, o bambu chinês apresenta a dificuldade adicional de nos esconder sua evolução subterrânea em curso, não nos permitindo acompanhar os progressos realizados. Precisamos, portanto, perseverar na ausência de provas tangíveis quanto à utilidade do que realizamos. Em outras palavras, o bambu chinês nos ensina a trabalhar com o tempo, Crono, o velho Saturno: plantar hoje para colher amanhã... em um dia, uma semana, um ano ou até mais. Enquanto as crianças vivem no instante presente — esperar cinco minutos lhes parece uma eternidade, pois querem resultados rápidos, imediatos —, aprendemos com a idade (e a sabedoria que supostamente a acompanha) a trabalhar a longo prazo e a fazer do tempo nosso aliado e não mais nosso inimigo. Ademais, devemos observar que, das opiniões e dos modismos, além das apreciações flutuantes de cada época, o tempo permanece o juiz mais seguro e mais impiedoso das obras humanas: apenas a qualidade resiste à sua corrosão — o belo, o bom, o verdadeiro, o justo. O resto desaparece.

No sentido inverso, quando queremos andar depressa demais, sem perder tempo para desenvolvermos raízes profundas antes de querermos subir aos céus, corremos o risco de criar algo fraco e frágil, sem uma seiva forte o suficiente para nutrir os galhos e produzir frutos. Isso é verdade tanto para os vegetais como para os homens e as obras que produzem.

No momento em que na França, por exemplo, fala-se muito de insegurança, ou em que se multiplicam os meios de repressão, ou quando se deploram as diversas formas de violência e de delinqüência, seria conveniente nos interrogarmos, acima desses problemas, quanto às condições de enraizamento de nossa ascendência no solo da existência, em curso nos primeiros meses da vida. É bem difícil para um bebê, cuja mãe trabalha e tem apenas dez semanas de licença-maternidade, desenvolver em tão pouco tempo uma rede de raízes profundas e seguras no solo materno. Isso demanda no mínimo um ano, dois ou três em termos ideais. Em vez desse contato, mal tem início o fortalecimento do laço do bebê com a mãe, ele é desenraizado, condenado à cultura fora do solo, passando por múltiplas babás e creches. É nesse estágio, principalmente, que devemos procurar as raízes profundas da insegurança e de comportamentos anti-sociais que podem ocorrer mais tarde, como testemunham os psicoterapeutas confrontados diariamente com jovens adultos criados nessas condições. No entanto, assim como acontece com o bambu chinês, o tempo investido em cuidados e educação das crianças não produz frutos imediatos: dez, 15 ou 20 anos mais tarde veremos as diferenças entre aqueles que foram beneficiados por um bom enraizamento e os demais. Em razão dessa disparidade, algumas pessoas duvidam de uma correlação entre a qualidade dos primeiros anos de vida e o que acontece mais tarde. Existem hoje, no entanto, dados suficientes para nos convencer da pertinência desse fator de enraizamento[14] no desenvolvimento dos "bambus humanos"!

Se, em contrapartida, conhecemos o princípio do bambu chinês e o adotamos, ele apresenta igualmente um grande interesse. Antes de nascer, um bebê passa nove meses na escuridão do ventre materno. Antes de germinar, toda semente passa um tempo mais ou menos longo sob a terra, no escuro. No Gênese, cada dia começa pela noite: "Houve uma noite e houve uma manhã: nasceu o dia" — lemos para cada um dos dias da Criação. De maneira análoga, a maior parte de nossos empreendimentos e de nossos projetos tem necessidade de uma fase mais ou menos longa de maturação no escuro, antes que possamos apresentá-los com segurança. Se formos muito apressados, eles morrem na praia. Tanto a luz nutre e revigora o que vive em pleno dia como pode destruir e matar formas de vida embrionárias, que ainda necessitam cres-

---

[14] Ler principalmente *The Continuum Concept*, de Jean Liedloff, *best-seller* em várias línguas finalmente publicado na França em 2005 pela Éditions Ambre.

cer e se fortificar no íntimo da terra, de uma matriz ou de nossa imaginação. Como o negativo que retiramos de um aparelho fotográfico e que precisamos mergulhar em várias substâncias antes de expô-lo com segurança à luz, sob risco de extrair imagens lavadas como uma mortalha, nossos projetos também devem ser "bem mergulhados", impregnados e nutridos de nossos sentimentos, fortalecidos e adensados, antes de serem comunicados a terceiros e revelados. Mal utilizada, a palavra pode dilapidar a seiva de uma idéia ou de um projeto, e privá-los de raízes.

Ao retirar a força de suas poderosas raízes, o crescimento espetacular do bambu chinês o protege imediatamente de predadores. Em contraposição, os vegetais que exibem cedo demais seus valentes mas frágeis caules podem rapidamente tornar-se aperitivos de um herbívoro ou presa de insetos e parasitas. Descobrimos, portanto, na alegoria do bambu, o valor da preparação silenciosa e do segredo: não o segredo vergonhoso que devemos esconder a qualquer preço, nem aquele, pernicioso, de algum empreendimento criminal, mas o segredo da criação, o segredo da "obra em negro" dos alquimistas, sem o qual eles não poderiam produzir ouro, o segredo do vazio primordial do qual provém toda criação.

Não é por acaso que os órgãos reprodutores da mulher se encontram escondidos e os dos homens bem visíveis: o segredo é essencialmente feminino, é a matriz dos mundos, a terra nutridora, é a escuridão profunda de onde jorra a luz, é o Verbo que precede a palavra. Assim como a mulher sabe guardar seu bebê no ventre durante longos meses, antes de apresentá-lo ao mundo, o artista, o criador também deve saber carregar seu projeto no coração e no seu espírito, nutri-lo longamente com seu amor, com sua inspiração e com sua esperança, antes de expô-lo ao olhar do outro. As idéias e os projetos são sementes que nutrem a seiva de nosso coração para que adquiram vida por nossas mãos e se enraízem no real. Derramadas sobre o solo, em vez de serem sabiamente colocadas sob a terra, as sementes desaparecem, levadas pelo vento, e ninguém sabe em que terra estrangeira terminarão, talvez, por ganhar vida.

Como é rica a alegoria do bambu chinês! Saber trabalhar lentamente em segredo para que as coisas se desenvolvam depois, de forma rápida e forte, no momento certo; aprender a discernir, sob a calma das aparências, indícios de evolução subterrânea e silenciosa, seja positiva ou negativa; fazer do tempo nosso aliado consciente e não nosso inimigo inconsciente. Com o bambu, colocamos um pé no invisível, no sutil. Escapamos um pouco da prisão do manifesto para explorar a fonte do possível. Dos efeitos aparentes, retornamos às causas secretas.

Como o bambu, como os vegetais, o homem é passageiro: a partir da observação de fatos concretos, ele tira conclusões e leis; ele extrai o joio do trigo, assim como a árvore elabora seu fruto açucarado a partir da seiva bruta de suas raízes; e, partindo de idéias, de inspirações, o homem concretiza seus projetos, dá vida a seus sonhos e corpo às suas realizações... como o fruto se separa da árvore para que as sementes possibilitem o nascimento de novas árvores. Ao nos apropriarmos da linguagem simbólica da natureza, constatamos mais e mais que os mesmos princípios acontecem em todos os lugares.

3.

A cera e a água quente:[15]
a força da primeira impressão

---
[15] Essa metáfora foi retirada das obras de Edward de Bono: *O pensamento lateral*, *Serious Creativity*, *Five-Day Course in Thinking* e *Why So Stupid?*

Imagine um recipiente que contém uma espessa camada de cera fria, endurecida, cuja superfície é completamente plana e lisa. Você pega um jarro de água quente e entorna um pouco sobre a cera. A água pode escorrer livremente na direção que desejar sobre essa superfície virgem, sem relevos. Mas, como a água está quente, basta entrar em contato com a cera para derretê-la, imprimindo uma marca pouco profunda, como a de um esquiador sobre a neve porosa. A partir de então, a cera apresenta uma ligeira ranhura, pois a água quente traçou um caminho semelhante ao leito de um rio. Se, agora, você verter novamente um pouco de água quente no mesmo recipiente, o que acontecerá? Onde quer que caia, a água, menos livre do que da primeira vez, seguirá fatalmente a pista anterior que passará a nortear seu escoamento e o aprofundará um pouco. Quanto mais você derrama a água, mais aprofundará a ranhura, sem dar liberdade à água de seguir outro caminho além do já traçado.

O que significa essa metáfora? Que uma primeira marca, uma primeira impressão (em todos os sentidos do termo), deixa um traço, e que este influencia fortemente as marcas seguintes. Não é assim que se formam os riachos, os rios e também os cânions? Os relevos da Terra não foram sempre os que hoje conhecemos. As águas das primeiras chuvas que caíram sobre algumas regiões, há milhões de anos, escorreram segundo os relevos já existentes — montanhas, rochas, vales diversos — e sua passagem ou acumulação em determinados lugares desenhou os primeiros esboços de futuros cursos e extensões de água. O tempo se encarregou de definir seus contornos em profundidade.

Podemos mudar essas marcas quando elas já existem? Sim, porque temos a pretensão — sem que a causa seja sempre nobre — de modificar o curso de riachos, de rios e mesmo de grandes rios. Mas, quanto mais profundo o traçado e mais potente o curso que o percorre, mais consideráveis serão os meios necessários para mudá-lo. Primeira constatação. Além disso, modificar um curso de água de seu leito é uma coisa; apagar o traço de seu antigo percurso é outra. Mesmo se a água passa a marcar um novo trajeto graças a nossa imposição forçada, o traçado antigo pode subsistir muito tempo, mesmo ressecado, com o risco de que, diante de um imprevisto, as águas agitadas voltem novamente a se derramar em sua vala propícia.

Observamos o princípio da metáfora da cera e da água quente sob múltiplas formas. Veja, por exemplo, como a primeira impressão que uma pessoa nos causa marca em nós um clichê que influencia todos os encontros posteriores e que é muito difícil de apagar se estiver equivocada. Os anglo-saxões dizem que temos apenas uma chance de causar uma boa impressão: um truísmo, sem dúvida, mas que ressalta, com conhecimento de causa, o impacto, muitas vezes subestimado, de toda primeira vez. Isso porque uma primeira impressão negativa nunca se apaga por completo, independentemente do que se diga: mesmo se desenvolvermos uma excelente relação apesar do começo negativo, anos mais tarde um incidente ou um mal-entendido podem subitamente reviver essa primeira marca e mesmo nos levar a questionar todo o lado positivo vivido nesse meio-tempo. Meu propósito, evidentemente, não é cultivar o fatalismo, mas a consciência — uma constante deste livro; de fato, o conhecimento desse princípio pode nos estimular a sermos mais vigilantes e a ficarmos mais conscientes a cada começo, a cada primeira vez, a cada início de uma nova situação.

Dessa forma, por exemplo, um músico prevenido sabe que a primeira leitura de uma partitura é crucial e que deve, portanto, ser lento e cuidadoso para não cometer nenhum erro. Se a primeira leitura for correta, as seguintes tenderão naturalmente a repeti-la. Ao contrário, uma nota mal tocada ou um dedilhar mal escolhido trarão a tendência de escorregar automaticamente sob os dedos quando a consciência relaxa. As mãos do músico são na verdade a cera sobre a qual o fluxo da melodia imprime seu traço, de forma que a memória cinestésica incitará os dedos a percorrerem as mesmas notas, como da primeira vez. Quando a leitura da partitura é malfeita, dezenas ou mesmo centenas de ensaios são necessários para modificar a marca original, o que monopoliza a consciência do músico que deveria estar inteiramente voltado para a interpretação e não submetido ao dedilhar do instrumento.

De maneira mais geral, podemos ver a importância dessa imagem da cera e da água quente em tudo que diz respeito à educação e ao aprendizado, seja esporte, trabalhos manuais, artes marciais, dança, dirigir automóveis, a forma pela qual uma criança aprende a ler, a escrever, a dar o laço no cadarço dos sapatos ou a executar os mil e um gestos da vida cotidiana,[16] ou a utilização de computador. A energia que despendemos para corrigir algu-

---

[16] As escolas do método Montessori, por exemplo, levam muito tempo ensinando as crianças a manipular objetos frágeis — vidros, garrafas, taças de vidro ou porcelana — e a executar diversos gestos cotidianos com precisão, de forma que se tornem bem menos desajeitadas do que aquelas com as quais não se investiu nesse aprendizado.

ma coisa que foi mal aprendida de início é muitas vezes superior à que exigiria um aumento de atenção e de consciência necessário para realizar essa coisa de maneira correta da primeira vez.[17] Por querer andar muito depressa no começo, retardamos consideravelmente a obtenção do resultado desejado. "Vá devagar, estou com pressa", dizia sabiamente Churchill a seu motorista.

Com a metáfora da cera e da água quente, descobrimos a importância de todo começo. Quando dizemos, por exemplo, que alguém se levantou com "o pé esquerdo", entendemos que a forma (negativa) com que iniciou seu dia teve conseqüências. Aliás, encontramos em muitas religiões injunções referentes à forma de iniciar um dia: por uma oração, um pensamento positivo, uma bênção, uma atitude construtiva, qualquer que seja. Não podemos estar conscientes de tudo o tempo todo: inevitavelmente, tarefas nos absorvem, no trabalho ou em casa, por períodos mais ou menos significativos. É por isso que quando iniciamos uma atividade de forma consciente e positiva, traçamos o sulco e damos uma direção que será posteriormente seguida quando passarmos para o "piloto automático".

---

[17] "Correta" e não perfeita: o aperfeiçoamento vem com os ensaios e a prática. Podemos ler uma partitura da forma correta desde a primeira vez: mas será necessário repeti-la centenas de vezes antes de atingir uma interpretação bem-sucedida.

Os "começos" são numerosos ao longo da vida ou simplesmente ao longo de um dia. E vão do bom-dia que trocamos de manhã com pessoas próximas ou colegas, passando pelo casamento, a criação de uma empresa, a mudança de residência, a primeira reunião de uma nova associação, os primeiros documentos (logomarcas, textos) que simbolizam a imagem de nossa empresa, a publicidade que difundimos etc. Temos todo interesse em identificar esses começos e dar-lhes uma atenção extra: trata-se de uma sábia política que evita consideráveis complicações posteriores. Não se trata, evidentemente, de uma panacéia, nem de uma garantia de que nenhum problema jamais ocorrerá. Mas dessa forma jogamos mais a nosso favor desde o início.

Na medida em que a história da cera e da água quente fala de começo, início, primeira impressão, ela trata também, implicitamente, do extremo oposto: do fim. Se há um começo, é porque alguma coisa terminou antes. Lógico. No entanto, o fim e o começo estão ligados. Qual é o primeiro pensamento que nos ocorre pela manhã? Nove em dez vezes é aquele com o qual fomos dormir. Não é por acaso que se recomenda revisar as lições antes de dormir: o inconsciente se encarrega de gravar profundamente na memória nossos últimos pensamentos, cuja marca — logicamente — orienta o curso dos primeiros pensamentos que ocorrem pela manhã.

Da injunção de Cristo à reconciliação com o irmão antes do pôr-do-sol, às recomendações de numerosas religiões de morrer em paz após o perdão, passando pelo *happy end* de um grande número de filmes, às fórmulas de polidez ao final das cartas, mesmo as mais desagradáveis, ou ainda ao conselho freqüentemente dado de terminar uma meditação antes do surgimento do cansaço ou das dores, inúmeros exemplos ilustram a importância de concluir bem todas as coisas, mesmo aquelas que, eventualmente, não começaram bem. Porque o fim também deixa um traço, uma marca. Lembro-me, por exemplo, de dois filmes — *Le prix du danger* [*O preço do perigo*], de Yves Boisset, e *Brazil*, de Terry Gilliam — cujos finais, particularmente sinistros, me perseguiram durante dias. De um filme *noir* com um final feliz, retemos principalmente o último toque que logo atenua os episódios sombrios que o precederam. Ao contrário, um filme agradável que termina de forma trágica nos deixará essa conclusão atravessada na garganta... e durante muito tempo. Imagine um concerto magnífico que terminasse com uma nota em falso da orquestra: qual seria a nossa impressão?...

Um bom final prepara, portanto, um bom começo. Um bom começo favorece um bom percurso... e torna um bom final mais provável. E assim por diante. Os dois instantes no decorrer dos quais temos mais influência sobre os acontecimentos são, portanto, o começo e o fim. São nesses momentos que as escolhas conscientes têm as maiores chances de modificar o curso das coisas. A propósito, editores e autores sabem muito bem: os primeiros que tomam muito cuidado com a capa e o título (primeira página) de uma obra, assim como da quarta capa (última página); os segundos que prestam uma atenção particular à introdução da obra assim como à conclusão! A esse respeito, conta-se que um jovem padre procurou um padre mais velho para aprender a escrever um bom sermão. "Um bom sermão deve ter um bom começo e um bom final", disse-lhe. "Em seguida... deve-se aproximar o máximo possível o começo do final!"

Finalmente, a título mais anedótico, vemos que a questão do começo e do fim também se aplica... ao vestuário! O penteado (ou o chapéu) e os sapatos são na verdade os elementos mais importantes para nossa avaliação, mesmo inconsciente, da elegância de uma pessoa. Qualquer uma, com roupas comuns, mas com sapatos e penteado irrepreensíveis, parece-nos mais bem-vestida do que outra com roupas suntuosas, mas com sapatos feios ou despenteadas. Divirta-se com essa observação à sua volta!

Com base na alegoria da cera e da água quente também podemos concluir que muitos de nossos atos não são conseqüência de uma escolha consciente ou esclarecida, fundamentada sobre um conhecimento aprofundado do tema, mas simplesmente resultado de nossos hábitos, da inércia que nos faz seguir mecanicamente os sulcos mais evidentes, os mais usados, mesmo quando estão completamente obsoletos, ineficazes ou contraproducentes.

Por exemplo: escrevo essas linhas no teclado francês "AZERT" de meu computador. Assim como o "QWERT" dos teclados suíços e a maior parte dos congêneres ingleses, alemães e italianos, ele foi criado na época das primeiras máquinas de escrever mecânicas. Naquele tempo, a disposição das letras no teclado deveria, principalmente, evitar dois inconvenientes: primeiro, que diversos toques coincidissem entre si no momento da batida. Na verdade, se batêssemos muito rápido, um tipo poderia subir antes que outro descesse, assim, ficando enganchados; segundo, que um toque mais forte perfurasse o papel. Não temos a mesma força no dedo mindinho e no indicador, por exemplo, como testemunham, aliás, as diferenças de impressão — às vezes mais claras, às vezes mais turvas — entre as cartas datilografadas nessas velhas máquinas.

Para resolver essa dupla equação, as letras foram repartidas sobre o teclado de forma a diminuir ao máximo a batida e a limitar a utilização dos dedos mais ágeis e mais fortes! É por isso que a letra "a", freqüente em francês, encontra-se não apenas sob o dedo mindinho (menos hábil), mas também a uma linha acima daquela sobre a qual as mãos descansam. O "q", bem menos utilizado, encontra-se diretamente sobre o mesmo ponto. De maneira inversa, aos dedos indicador e médio, mais hábeis, foram atribuídas as letras "k, y, h, g, v" e ainda "b", bem menos freqüentes em francês.

Ora, ainda hoje, em tempos de eletrônica e de toques hipersensíveis, continuamos a escrever em teclados concebidos para amortecer o toque e fazer trabalhar os dedos menos ágeis, embora todos os computadores nos permitam escolher o teclado desejado com um simples toque do *mouse*. No entanto, um francês chamado Marsan estudou a ocorrência de cada uma das letras do alfabeto na língua francesa e criou um teclado distribuindo-as para atingir o toque mais rápido: ele obteve assim até 30% (!) a mais de eficácia entre os datilógrafos profissionais.[18] Mas a inércia e o hábito, ou seja, o traço inscrito há mais de um século na cera de nossos teclados, associados à nossa dificuldade de questionar o que parece consolidado, fazem com que continuemos a produzir maciçamente computadores ultramodernos... equipados com teclados pré-históricos.

No mesmo raciocínio, ainda se ouve falar que cortar salada com faca contraria as boas maneiras. Ora, essas "boas maneiras" se devem simplesmente ao fato de que as facas de antigamente, por não serem de aço inoxidável, eram, portanto, danificadas pelo vinagre da salada. Por não nos interrogarmos sobre as razões de comportamentos herdados do passado, o princípio do traço gravado na cera nos impulsiona assim a perpetuar inúmeros

---

[18] Ele criou também um teclado ergonômico, com as letras dispostas em V para evitar uma posição antinatural das mãos, fonte de numerosos problemas nos pulsos.

comportamentos e hábitos que não têm mais nenhuma razão de ser.

"Por que você não come carne?", uma pessoa perguntou um dia a um amigo. "E por que você come?", rebateu ele, provocador. Perplexidade! Quem fez a pergunta nunca tinha refletido sobre a sua alimentação: ele reproduzia por hábito o que sempre ocorrera com seus pais e sua família. Seria aquela a melhor alimentação para ele? A mais saborosa?... Ele conhecia as vantagens e os inconvenientes, as qualidades e os problemas das diversas escolhas alimentares que se podem fazer atualmente? Não. Ele seguia o traço impresso na cera familiar.

Quantas coisas semelhantes fazemos, sem nunca termos verdadeiramente refletido a respeito? Em nossos comportamentos profissionais, em nossas reações emocionais, em nossas opiniões, nossas crenças, qual é a parte que provém da educação e que reproduzimos mecanicamente, sem nunca tê-la questionado de forma consciente?

A cera representa tão bem o inconsciente como o corpo, a matéria. A água quente, por sua vez, simboliza a consciência, a energia, o espírito. Inicialmente, é sempre o espírito que começa por moldar a matéria, é a consciência que imprime uma orientação aos pensamentos, aos gestos, é o programador que cria seu *software*. Depois, o hábito assume a direção: o traçado está feito, basta segui-lo. Tanto melhor para todos os bons hábitos, os comportamentos que desejamos reproduzir. Mas e quanto àqueles que não escolhemos, que existiam muito antes de nós — na família, na sociedade —, dos quais não detectamos instauração progressiva no cotidiano, quando nossa vigilância arrefeceu, e que passaram a nos governar sem deles estarmos conscientes? Um dia, sem nos darmos conta, o corpo é quem diz ao espírito o que ele pode ou não fazer, é o programa que limita o usuário, são os comportamentos mecânicos que assumem a direção das escolhas conscientes.

Vejamos o mundo empresarial. Pierre criou uma sociedade, por exemplo. Ele é a água quente. É ele quem decide o que fazer, o *status*, a forma jurídica que deseja dar à sua empresa. No começo, é ele quem molda a cera para transformar a sociedade de acordo com os seus sonhos, com seus planos. Mas o que vemos com freqüência ao fim de alguns anos? A cera endureceu: a sociedade está bem estabelecida, cresceu, fortificou-se, está consolidada (adjetivo eloqüente). E eis que é ela, a partir de determinado momento, que dita cada vez mais a Pierre o que fazer ou não fazer. A criação abre espaço para a produção, para a administração, para a gestão que assume um papel preponderante. A empresa tem vida própria, seu metabolismo, suas necessidades. Torna-se difícil para Pierre, caso tenha vontade, realizar mudanças, evoluções, imprimir uma nova direção: a empresa faz uma resistência feroz, e não é tão maleável como no início.

É preciso, na verdade, muito talento para preservar uma empresa dinâmica, ágil, evitando dois extremos que são, de um lado, a mudança permanente, em que nem os empregados nem os clientes se reconhecem, e de outro, a estagnação e a cristalização que, até certo ponto, transformam toda mudança difícil, dolorosa e às vezes impossível. Sem água, a argila seca, sua forma se cristaliza; se petrificada e úmida em excesso, ela jamais assumirá uma forma e portanto não servirá para nada. A vida é um equilíbrio que requer um ajuste constante entre corpo e espírito, matéria e energia, automatismos inconscientes e escolhas conscientes. Temos necessidades de ambos: da cera e da água quente.

A metáfora deste capítulo nos convida, portanto, a discernir, na nossa vida, o que é "cera", o que é "água quente", o que é resultado de escolhas conscientes que continuamos a reconhecer, o que foi inconscientemente herdado do passado (familiar, social, religioso) e, finalmente, o que estabelecemos voluntariamente, mas que hoje não tem mais sentido. Para isso, devemos assumir regularmente uma nova perspectiva sobre o que temos sob os olhos todos os dias. Não assumir nada como garantido. Continuar a nos maravilharmos, a nos interrogarmos. Permanecer curiosos. Questionar as evidências. "Infeliz o homem que, pelo menos uma vez na vida, não questionou tudo", é a minha frase favorita de Pascal. Questionar TUDO: não apenas uma ou duas coisas, como o conselho dos pais (na adolescência), do chefe ou do partido de oposição. Tudo: nossas idéias, nossas crenças, nosso saber, nossos hábitos. Não deixar nenhum bloco de cera, nenhum molde continuar a nos influenciar sem nos interrogarmos sobre sua origem, seu valor, sua utilidade, sua pertinência.

Atenção: não se trata de mudar por mudar, nem de tumultuar as coisas sem motivo. Muitos de nossos hábitos têm suas razões; muitos de nossos comportamentos são pertinentes e adequados. Nesse caso, questioná-los nos permite tomar consciência, assumi-los verdadeiramente, fazer escolhas deliberadas e voluntárias, e não mais repeti-los como reflexos, hábitos sem vida. Trata-se de uma apropriação para que um dia possamos dizer que não somos apenas resultado único de condicionamentos, sofridos de forma mais ou menos consciente, mas sim fruto de escolhas deliberadas, feitas em plena posse de nossos meios. Esse é um processo que leva tempo — semanas, meses, às vezes anos —, mas que é enriquecedor e libertador. "Não se pode ser livre e ignorante", observou com precisão o presidente americano Thomas Jefferson. A liberdade não é uma aquisição, ela não é dada, mas conquistada. Não somos livres se ignoramos as forças e os condicionamentos exercidos sobre nós e que continuam a influenciar o que consideramos "livre" escolha. A liberdade, em termos simbólicos, não significa apenas passear à vontade nos traços existentes, mas também poder ultrapassar os próprios sulcos.

Aliás, observaremos que a maior parte das grandes invenções se deve a indivíduos que souberam se sur-

preender diante daquilo que todos os outros considera-
vam normal ou que não viam mais. Ao voltar de um pas-
seio no campo, você nunca retirou de suas meias, sem
parar para pensar, pequenas bolas grudadas verdes ou
marrons? Aquele que parou para pensar no assunto e se
interrogou sobre a razão pela qual essas bolinhas gruda-
vam de forma tão firme se transformou no inventor do
velcro e ficou muito rico.

O perigo da cera é a armadilha dos hábitos, do "piloto automático". Para nos proteger, devemos escolher
modificar conscientemente alguns de nossos hábitos de
tempos em tempos. Pegar um novo caminho. Comprar
uma revista que jamais lemos. Testar a culinária de outro
país ou uma alimentação diferente. Mergulhar nas crenças de outro povo, de outra religião. Inverter durante uma
semana as regras com nosso cônjuge. Comer com a mão
esquerda (ou com a direita, se formos canhotos). Jejuar
um dia. Passar um mês em castidade. Permanecer um dia
em silêncio. Fazer uma partida de basquete para deficien-
tes em cadeira de rodas. Sair de nossas dificuldades, dos
caminhos bem traçados na cera. Espalhar água quente
sobre novos territórios. Cavar novos sulcos.

E se você estiver entre aqueles, mais raros, vítimas da
armadilha inversa, a da água quente, quer dizer, a armadilha de alguns criadores, artistas ou inventores — que
preferem criar de forma ininterrupta em vez de aprofun-
dar-se, que não conseguem deixar uma marca durável

sobre as coisas, sempre inclinados a explorar outros espaços, outras possibilidades, outras ceras virgens —, imponha-se uma forma fixa: isso pode levá-lo à descoberta de novas dimensões da liberdade e da criação. A prática de uma disciplina regular — artes marciais, massagem em cadeira (Amma),* exercícios de ioga ou meditação, música de conjunto, teatro ou coreografia —, pelas restrições que impõe, pode liberar nossa consciência, como é o caso do músico que ensaia incessantemente as mesmas partes, mas que imprime à forma fixa da partitura um sopro sempre renovado. Nós nos aborrecemos apenas quando não sabemos insuflar um pensamento consciente e dinâmico sobre uma ação repetida inúmeras vezes de forma idêntica e deixamos essa ação adormecer nosso espírito pela monotonia.

Dessa forma, quer nos ocupemos com o fundo ou com a forma, aqui com o espírito e lá com a matéria, ou alternamos entre criação e reprodução, consciência e automatismos, tudo se torna uma oportunidade de aprendizado e de integração, de crescimento e de realização. E se você deixou uma bela marca na sociedade, talvez termine no museu Grévin... como estátua de cera!

---

* "Amma" é o nome de uma prática de massagem baseada nos princípios da medicina tradicional da China e do Japão. (N.T.)

4.

A borboleta e o casulo:
a ajuda que enfraquece,
a dificuldade que fortalece

Quando a lagarta, transformada em crisálida, praticamente concluiu sua transformação em lepidóptero, resta-lhe ainda vencer um desafio para se transformar verdadeiramente em borboleta. Ela deve rasgar o casulo no qual se operou sua transformação para se libertar e alçar vôo.

Se a lagarta teceu seu casulo aos poucos, de forma progressiva, a futura borboleta não poderá, por sua vez, libertar-se da mesma forma, progressivamente. Dessa vez, ela deverá dotar suas asas de força suficiente para conseguir romper sua prisão de seda com um único golpe.

É justamente graças a esta última prova e à força exigida de suas jovens asas que a borboleta desenvolverá a musculatura necessária para voar.

Aquele que ignora esse dado importante e imagina "ajudar" uma borboleta a nascer rompendo o casulo em seu lugar, verá nascer um lepidóptero totalmente incapaz de voar. Ele não terá conseguido utilizar a resistência de sua prisão de seda para acumular a força necessária para se separar dessa capa e, em seguida, lançar-se em direção ao céu. Uma ajuda mal inspirada pode assim se revelar nociva, até mesmo mortal.

Eis uma rica metáfora que se aplica a diferentes situações. O que podemos descobrir através dela? Por exemplo, podemos perceber que, na vida, certos desafios são indispensáveis ao crescimento. Eles permitem que cada um desenvolva a força necessária para passar ao estágio seguinte. Quando, ao contrário, tentamos resolver um desafio no lugar de alguém, suprimindo o obstáculo em vez de solucionar verdadeiramente o problema, na realidade, apenas o estamos mantendo. Não se trata, portanto, de uma solução. Aliás, ela se prova ineficaz e produz geralmente um resultado oposto ao esperado: em vez de ajudar e libertar o outro, nosso comportamento equivocado pode impedi-lo de se desenvolver, atrofiá-lo e até matar.

Por esse prisma, a idéia da alegoria pode nos parecer evidente. Olhe, no entanto, ao seu redor, e veja como em todos os níveis insistimos em "romper os casulos" no lugar dos outros, gerando conseqüentemente a permanência dos problemas que pretendíamos resolver. Vejamos alguns exemplos.

Em sua obra admirável *Pourquoi sont-ils si pauvres*,[19] com mais de 80 quadros sinóticos, o ex-conselheiro nacional suíço Rudolf Strahm ressalta como dez anos de ajuda aos países do Terceiro Mundo, à custa de bilhões de dólares, conseguiram torná-los mais pobres, mais dependentes e mais endividados do que antes. Certamente, podemos arriscar várias explicações para o fato: a corrupção de parte do governo desses países, o custo exorbitante da dívida, a má gestão da ajuda, as motivações às vezes ambíguas daqueles que financiam as ajudas. Mas, além desses diversos fatores, é sobretudo a natureza (geralmente material, financeira) da ajuda dada e a forma pela qual foi instituída (criando relações de dependência) que devem ser questionadas, como fazem, aliás, várias organizações humanitárias.

À luz da alegoria da borboleta, suspeitamos que algumas mudanças, algumas ajudas só podem vir do interior. Quando levamos a uma pessoa aquilo que lhe falta (ou que simplesmente ainda não germinou nela), em vez de ajudá-la a obter o que necessita por seus próprios meios, nós a tornamos dependentes e acentuamos sua fraqueza. Sem dúvida, há situações urgentes que exigem uma imediata ajuda material externa, alimentar, financeira. Isso é indiscutível. Mas à exceção desses casos, uma ajuda verdadeiramente desinteressada — quer dizer, que não visa a escoar o excedente ou a preservar determinada economia

---

[19] La Baconnière, 1992.

estrangeira sob controle — deve pretender estimular a capacidade de ajudar a si próprio.

Um exemplo *a contrario* ilustra claramente esse ponto. Enquanto o governo americano travou uma guerra frontal contra os índios da América, um número expressivo de tribos — mesmo empobrecidas, mesmo dizimadas — permaneceu forte, sem esperar nada de ninguém e contando apenas com recursos próprios. Em contrapartida, a partir do momento em que esse mesmo governo se dispôs a "ajudar" as tribos, cessando o combate, concedendo-lhes terras e provendo um mínimo de recursos, esses povos começaram a enfraquecer, a definhar (apesar de algumas exceções). Simplificarei o quadro para ilustrar melhor o princípio básico dessa alegoria: ao trazer qualquer coisa do exterior, privamos o outro do esforço de buscar em si mesmo o esforço que o fortaleceria e o levaria a superar-se de forma permanente. Isso não significa que devemos renunciar a ajudar ou socorrer as pessoas — conclusão um pouco fácil —, mas que nossa ajuda deve sustentar o esforço permanente do outro em alcançar seus próprios recursos internos e não tornar esse esforço supérfluo, substituindo-o pela facilidade e dependência externa.

Encontramos na medicina outra ilustração do mesmo princípio. Muitas doenças infantis, do simples resfriado ao sarampo ou à coqueluche, por exemplo, representam provas para o organismo que permitirão ao sistema imunológico desenvolver-se e fortalecer-se, como sabem muitos médicos formados na linha da medicina de Hipócrates, da higioterapia, da homeopatia ou da medicina natural. Quando lutamos contra essas doenças, como prescreve de forma inábil uma certa medicina, privamos a criança das possibilidades de aumentar sua imunidade, nós a enfraquecemos e a tornamos dependente de ajudas externas (remédios, antibióticos etc.). Alguns médicos prudentes consideram, aliás, que uma das causas importantes da multiplicação de alergias de toda espécie, observadas há mais ou menos 20 anos, se deve precisamente a essa supermedicação que impede as crianças de aprimorarem o sistema imunológico, tornando-as vulneráveis a qualquer coisa.

Se quisermos "ajudar" de verdade uma criança com uma patologia infantil, necessitamos, ao contrário, de acompanhar a doença, zelar para que não adquira proporções excessivas e dar tempo ao sistema imunológico da criança para reagir e se fortalecer. Dar tempo ao tempo: eis o segredo! Ao querer interromper uma doença imediatamente, para que nosso filho não falte à escola e nem nós ao trabalho, utilizamos métodos talvez eficazes a curto prazo, mas que abrem terreno para complicações posteriores, pois o organismo da criança permanece fraco e frágil.

O mesmo princípio aplica-se à febre que consideramos a maior parte das vezes como inimiga, embora seja o meio utilizado pelo organismo para livrar-se de agentes patogênicos agressores. Como disse André Lwoff, do

Instituto Pasteur, co-vencedor do prêmio Nobel: "A febre é o melhor remédio. Acima de uma temperatura de 39,5°C, a maior parte dos vírus é inibida ou destruída." E André Passebecq, um dos pais da terapia natural na França, acrescenta que, em uma criança cujo hipotálamo não foi alterado por substâncias tóxicas (medicamentos, vacinas), as defesas imunológicas são mais altas e o aumento da temperatura pode igualmente não apresentar risco, de forma que a luta contra os adversários é intensa e rápida. Passebecq ressalta que "a febre não tratada leva rapidamente ao restabelecimento da saúde, sem risco de recaída ou complicações".

Por querermos "libertar" a criança da febre, como a borboleta de seu casulo, tornamo-la na verdade ainda mais dependente de assistência médica ao menor sinal de patologia. *A contrario*, os célebres "banhos de assento" — mergulhar por dois ou três minutos as nádegas de uma criança na água fria —, que podem parecer uma agressão ao organismo, contribuem para tornar seu sistema imunológico mais vigoroso e resistente. O paradoxo significa, portanto, que algumas "ajudas" se revelam, na verdade, nocivas, enquanto pressupostas "agressões" se revelam saudáveis, mesmo quando devemos nos proteger das generalizações e compreender bem os mecanismos de ação em ambos os casos.

Há dois outros setores em que "rompemos os casulos" acreditando fazer bem: a educação (em família) e o ensino (na escola). Como acontece com freqüência, assistimos, em menos de 50 anos, nesses setores, a uma guinada de 360°C. Antigamente, a criança não tinha voz nem em casa nem na escola. Ninguém se preocupava, portanto, em ouvi-la. Pais e professores se questionavam menos, e cabia à criança prosseguir, adaptar-se, desenvolver-se... ou sofrer as conseqüências.

Como todo excesso atrai seu contrário, os trabalhos de psicologia e psicanálise levaram a geração seguinte a ver o bebê como uma pessoa, a levar em conta as necessidades da criança, a dar-lhe mais atenção — como sujeito e não mais como objeto educativo ou pedagógico — e conjuntamente a baixar o tom de toda forma de restrição, de autoridade, de exigência. De não ouvida anteriormente, a criança passou a ser superescutada, daí a geração de "crianças-reis" que tiranizam seus pais e professores. Privada dos casulos familiar e escolar, a criança busca, na sociedade e no Estado, pais e um quadro de substituição. É portanto contra eles que a criança dirige, de forma desajeitada, sua revolta de adolescente/crisálida, com um prolongamento interminável, na impossibilidade de se desenvolver em condições normais e na escala adequada.

Nunca a criança se beneficiou de tantos meios, de atenção e de possibilidades de todos os tipos, nunca foi tão "ajudada". No entanto, de acordo com a alegoria da borboleta, o resultado de todas essas ajudas externas não é o esperado. Sem querer pintar o diabo mais feio do que parece — cada época, desde que a História começou a nos dar lições, joga todas as suas imperfeições sobre a juventude —, devemos constatar que o analfabetismo permanece elevado, que a qualidade da ortografia e da escrita caiu consideravelmente, que os "80% au Bac"* resultam de uma enganosa queda de exigências, que a delinqüência aumenta entre os jovens, que a força moral enfraquece (as palavras "virtude", "dignidade", "honra" desaparecem do vocabulário), resumindo, que a pressão interior que impulsiona o crescimento e o desenvolvimento, anestesiada por excesso de facilidade externa, não cessa de diminuir. A propósito, não observamos o reflexo dessa situação na moda, comum nos jovens de hoje, de vestir roupas de tamanhos bem maiores?... Essas roupas que seus corpos não conseguem preencher são o espelho dessas funções, desses papéis que se esperam deles, embora não tenham intensidade interior suficiente para preenchê-los e assumi-los, como um balão que permanece murcho por falta de pressão para enchê-lo.

Ao dizer isso, repito que não defendo o retorno ao passado nem uma recusa do que a ciência, a tecnologia e os meios exteriores podem trazer, inclusive às crianças. Defendo simplesmente o propósito de que o fundo deve prevalecer sobre a forma e precedê-la. O corpo deve crescer antes dos hábitos, as possibilidades internas antes

---

* Referência ao lema do governo francês adotado nos anos 80 e 90 visando a democratização do ensino, sobretudo entre os jovens de periferia. Bac: abreviação de *baccalauréat*, exame de acesso à universidade. (N.T.)

dos meios externos. "*Inside out*", dizem os americanos: as coisas devem começar no interior e depois se exteriorizar, encontrando sua correspondência externa.

Foi o que compreendeu um homem do sul da Índia, com cerca de 60 anos, que encontrei há dez anos na França, quando veio negociar a venda de óleos aromáticos produzidos em seu país. Esse homem viveu a dramática divisão da Índia aos sete anos de idade. Com seus pais, teve que andar centenas de quilômetros, carregando um mínimo de coisas, para escapar da região que se transformaria no Paquistão, porque ele e a família eram hindus. Com força de vontade e perseverança, conseguiu um dia criar sua própria empresa e fazê-la prosperar. No entanto, ele me confidenciou que, ao morrer, toda a sua fortuna seria destinada a obras de caridade e que nada deixaria para seus filhos. Fiquei surpreso. "Se forem tão competentes como eu, não terão necessidade da minha fortuna", explicou-me, "criarão a sua própria empresa por seus próprios meios. E se não tiverem a mesma competência, então minha fortuna poderá apenas prejudicá-los, porque não terão condições de utilizá-la de forma adequada." Em outras palavras, ele deixava para seus filhos a responsabilidade de fazer roupas sob medida e não de legar as suas próprias, sob risco de que fossem grandes demais para eles. Sem usar esse relato como modelo de comportamento a ser seguido ao pé da letra, acredito que ele tem o mérito de obedecer à mesma coerência da alegoria da borboleta. Essa experiência prioriza as qualidades interiores — força, coragem, inteligência, liderança, amor, versatilidade, espírito empreendedor, entre outras — e vê nos meios e conquistas materiais a concretização ou o reflexo exterior dessas qualidades.

Não é por acaso que o homem em questão era hindu, familiarizado com esse tipo de visão, pois a Índia, mesmo sofrendo muitas influências negativas do Ocidente, permanece uma nação profundamente espiritualizada. O materialismo próprio da cultura ocidental incita cada um, em todos os domínios, a buscar, de preferência, soluções materiais exteriores, em vez de buscar em nós mesmos, no nível sutil, recursos que exigem apenas ser atualizados.

Aliás, a história desse hindu lembra também aqueles contos para crianças em que um rei confia seu filho a um casal de camponeses que vive em suas terras, para que seja criado ignorando suas origens reais, aprendendo a conhecer a terra, os animais e os homens, a satisfazer suas necessidades e assim desenvolver as qualidades e os conhecimentos que o tornarão, mais tarde, um rei digno de suas responsabilidades e funções.

Não se faz uma borboleta colando asas em uma lagarta, nem um rei colocando uma coroa sobre a cabeça de uma criança, e menos ainda um homem ao vestir uma criança com roupas de adulto. Podemos apenas dar aos outros aquilo que pode resultar de uma transformação interior, estritamente pessoal. Podemos, por outro lado, favorecer esse amadurecimento interior, assim como se pode regar uma semente para que ela germine.

A alegoria da borboleta também faz com que nos interroguemos sobre o sofrimento. Não é justamente para diminuir os sofrimentos desse lepidóptero, para libertá-lo mais rapidamente, que desejamos romper o casulo em seu lugar? De maneira mais geral, a ajuda que desejamos dar ao outro não tem por objetivo, muitas vezes, evitar que sofra, facilitar as coisas? Mas todo sofrimento é necessariamente negativo?... Onde se situa a fronteira entre a dor do esforço, aceita e almejada no esporte, por exemplo, e o limiar em que um sofrimento é considerado inaceitável? Não existe, obviamente, resposta sistemática para essa pergunta.

O que é seguro, por outro lado, é que a opção "sofrimento zero" não é nem possível, nem desejável. E isso vale tanto para o sofrimento como para tudo: há os bons e os maus, os necessários e os inúteis, os indispensáveis e os inaceitáveis. O que distingue os tipos de sofrimento é o sentido que encerram ou não para quem sofre seus efeitos, ou o sentido que conseguimos ou não incutir neles. "Dê-me um porquê", escreveu Nietzsche, "e suportarei qualquer coisa".

O sofrimento da futura borboleta tem um sentido, porque ele nasce do esforço que lhe permitirá voar: é o preço de sua libertação, e não só é útil como indispensável. O mesmo acontece com a mulher que dá à luz, pois, no momento do parto, o sofrimento acompanha o fato de dar a vida,[20] assim como o sofrimento do bebê que nasce

---

[20] Isso não significa que é necessário renunciar a todos os meios de atenuar a dor, mas, assim como uma dor insuportável pode traumatizar a mãe e a criança, a ausência de qualquer sensação (que caracterizava os primeiros anos da prática da anestesia peridural, por exemplo) pode dar à mulher o sentimento de que lhe "roubaram" seu parto.

contribui para a formação de seu caráter diante do desafio, como Grof demonstrou com seus trabalhos sobre matrizes perinatais.[21] O mesmo é válido para o sofrimento do esportista que supera seus limites e bate novos recordes. No pólo extremo, Cristo chegou até a dar um sentido ao seu martírio sobre a cruz e à sua morte.

Por outro lado, suportar um sofrimento atroz na cadeira do dentista quando existem anestésicos não faz, *a priori*, sentido para ninguém. Torturar-se interiormente durante anos por seqüelas psicológicas decorrentes de traumas ou sevícias sofridas na infância, quando diversas terapias permitem uma libertação, tampouco faz sentido. É mais difícil suportar uma dor que não tem sentido, por mínima que seja, do que outra, mais intensa, porém dotada de significado.

Sobrevivente de campos de concentração nazistas, autor de obras excepcionais, Viktor E. Frankl escreveu: "Viver é sofrer. Sobreviver é dar um sentido ao sofrimento." E acrescentou: "O homem não busca nem o prazer nem o sofrimento, mas um sentido para a vida." Desprovidos de sentido, o prazer avilta e o sofrimento destrói. Nossa recusa de quase todo tipo de sofrimento (com exceção do causado pelo esporte) e nossa busca hedonista desenfreada — características da sociedade contemporânea —, aparecem assim como o reflexo da perda de senti-

---

[21] Ler sobre o tema: *Royaumes de l'inconscient humain* (Éditions du Rocher, 1983), *Psychologie transpersonnelle*, S. Grof (Éditions du Rocher, 1984).

do, reconhecido por muitas pessoas. O sofrimento não é mais, portanto, testemunha do esforço que realizamos para nos superar em um setor, mas um desconforto inútil, desprovido de sentido, que devemos eliminar por meios externos: máquinas, medicamentos, drogas.

Em resumo, não se trata de "sofrer por sofrer", nem de condenar indistintamente todo sofrimento, recaindo em um hedonismo primário tão nocivo a longo prazo quanto o excesso oposto, mas de distinguir o sofrimento que provoca crescimento daquele que destrói, da mesma forma que o calor do Sol, que, de um lado, aquece e amadurece os frutos e, de outro, queima e carboniza tudo que alcança.

Se desejarmos realmente ajudar alguém, devemos, impreterivelmente, pensar sobre a questão essencial do sentido: por que uma pessoa sofre? O que ela ganha ou o que ela perde com esse sofrimento? Sofrendo um pouco, ela se tornará mais forte, mais inteligente, mais resistente, mais tolerante, ou não? Pais, educadores, empreendedores ou líderes foram um dia confrontados com o sofrimento do outro e com a forma de compreendê-lo e reagir. Mas assim como uma criança ama o sabor doce e detesta o amargo, apreciado pelo adulto, apenas após aprender a destilar a amargura de nosso sofrimento e experimentar seu néctar preciosamente extraído podemos deixar o outro operar essa alquimia interior que o fogo do sofrimento permite, acompanhando-o em vez de nos lançarmos em sua direção com um extintor na mão.

Existe, no direito francês, o delito de "não-assistência à pessoa em perigo": dessa forma, quem não ajudar uma pessoa em sofrimento — um ferido grave no local do acidente, por exemplo — é punido por lei. Mas não recaímos às vezes em um delito de "assistência inoportuna à pessoa não ameaçada"?... É isso que acontece com a borboleta desta alegoria, mesmo se o delito não integra o Código Penal. As conseqüências do primeiro delito são evidentes: o ferido pode morrer ou seu estado se agravar consideravelmente. As conseqüências do segundo são menos aparentes, uma vez que não afetam o corpo, mas o potencial da vítima: elas não atingem seu ser, mas seu futuro, sufocando do exterior o que deveria emergir do interior. A assistência inoportuna a uma pessoa não ameaçada é um delito contra a evolução pessoal, contra o crescimento, contra a auto-superação.

Foi com esse espírito que um grande terapeuta, tão zeloso da alma quanto do corpo de seus pacientes, ensinou que, antes de curar o outro, o verdadeiro médico zela para que o tratamento permita ao doente realizar o mesmo caminho que a doença o teria obrigado a percorrer. Sem isso, apenas a cura física, assim como a libertação externa da borboleta, priva o paciente das asas que desenvolveriam nele a compreensão plena e integral de sua doença.

* * *

Certamente, a metáfora da borboleta é plena de sabedoria. Ela enfatiza o primado do interior sobre o exterior, do que é sutil, energético ou espiritual sobre o que é material. *Inside out*: liberar nosso potencial interior, favorecer o afloramento de nossos recursos, em vez de atrofiálos por ações externas. A metáfora recompensa regiamente nossos esforços em todos os setores, inclusive os nossos sofrimentos, quando são úteis, portadores de sentido, índices de uma superação de nós mesmos, de uma evolução. Ela evoca uma pedagogia de acompanhamento, de emergência, mais que a ajuda mal compreendida que enfraquece ou destrói o que acredita salvar. Que símbolo!

5.

O campo magnético e a limalha: modificar o visível agindo sobre o invisível

Imagine uma pequena mesa dobrável de *camping* feita de fórmica. Sob a bandeja foi escondido um ímã. Em seguida, pede-se a uma pessoa com um saleiro cheio de limalha de ferro de cor preta para salpicar a parte superior da mesa. Ela tem, então, a surpresa de ver essas finas e diminutas partículas de ferro, em vez de caírem livremente sobre a superfície, organizarem-se sob a forma de um desenho bem-ordenado, que nada deve ao aleatório. O campo magnético do ímã, embora invisível, irá na verdade administrar a organização da limalha em função das linhas de força reunidas por seus dois pólos.

Imagine agora que essa pessoa, insatisfeita com o desenho formado, o desfaz com a mão antes de salpicar, novamente sobre a mesma superfície, uma limalha tingida de azul, de outro saleiro. Fatalmente, as novas partículas de ferro se organizarão conforme as mesmas linhas de força e formarão um desenho muito semelhante ao primeiro, dessa vez, de cor azul.

Se, por outro lado, uma pessoa descarta ou aproxima os pólos do ímã colocado sob a mesa, ou ainda se coloca dois pólos com a mesma polaridade, instantaneamente as partículas de limalha de ferro, independentemente da cor, modificarão sua organização para refletir a transformação subjacente do campo magnético.

Essa experiência, que muitas crianças realizaram deslumbradas na escola ou em casa, é uma excelente metáfora de fenômenos que observamos em diversos setores da atividade humana. Ela nos ensina, na verdade, que um acontecimento perfeitamente visível pode obedecer a influências invisíveis, mas ainda assim comprováveis. Quando não levamos em conta essas influências sutis, as tentativas que empreendemos para modificar a parte manifesta do fenômeno permanecem infrutíferas; invariavelmente, os mesmos esquemas se reproduzem. Se quisermos realizar uma mudança real, é necessário intervir sobre causas profundas, não visíveis.[22]

---

[22] Utilizei essa metáfora em uma obra anterior, *Médecine, religion et peur: l'influence cachée des croyances* (Jouvence, 1999), para explicar como a medicina moderna, depois de Pasteur, permanece influenciada sem perceber, por uma poderosa corrente religiosa que afeta seus dogmas, sua prática e suas pesquisas.

O campo de aplicação dessa metáfora é imenso, sobretudo porque adquirimos o hábito, nos dias atuais, de propor soluções superficiais para problemas essenciais, de levar em conta apenas a parte material, tangível, mensurável dos fenômenos que estudamos. Dessa forma, seja em medicina, agricultura, educação ou política, nos esforçamos por atenuar as dificuldades que se apresentam, agindo sobre os sintomas, negligenciando totalmente as causas profundas das quais as citadas dificuldades são apenas o reflexo aparente.

Mas o campo magnético e a limalha existem antes de tudo em cada um de nós, por isso temos interesse em colocá-los em evidência. Nas pessoas, esse campo magnético é constituído pelo conjunto de crenças: não apenas nossas crenças conscientes — a religião, a filosofia, a corrente de pensamento à qual nos filiamos —, mas também e sobretudo o conjunto de *a priori*, de valores, de preconceitos e de crenças implícitas que desenvolvemos durante o nosso crescimento (sem analisá-los) ou que herdamos do meio no qual vivemos (família, sociedade, país). Não acreditamos apenas nos dogmas religiosos. Acreditamos também em nossos próprios fantasmas, no que nossos medos nos sussurram, na fala dos outros sobre nós mesmos e sobre o mundo. Acreditamos em certas idéias políticas, em uma determinada concepção da medicina, em valores culturais e sociais, nas notícias de jornais, em uma enormidade de coisas cuja maior parte é, aliás, inconsciente, salvo se empreendemos sua objetivação consciente.

Nosso "campo de crenças", como podemos chamá-lo, exerce uma influência poderosa e incessante sobre nossa forma de ser, sobre nossas percepções e também sobre nossa maneira de pensar e amar. A "liberdade de pensamento" que nossa sociedade venera ao extremo é, em grande parte, uma ilusão sobre o estado atual das coisas. Essa ilusão é característica de uma época que devota um culto ao intelecto, desconhecendo, apesar dos trabalhos de psicologia e de psicanálise (e, antes delas, de diversas tradições espirituais), todas as influências subconscientes e inconscientes exercidas sobre nosso pretenso "livre" pensar. Assim como a cabeça não poderia viver independente do corpo, nosso intelecto não pensa independentemente do que se passa em nosso coração (afetividade) e em nosso corpo, tanto no nível consciente como no inconsciente. Em outras palavras, nossa liberdade de pensar está na realidade limitada pelo nosso campo de crenças. Este delimita um espaço em fronteiras tão invisíveis como intransponíveis, fora das quais nosso pensamento não consegue voar. No filme *Guerra nas estrelas*, George Lucas ilustrava maravilhosamente a relação entre o campo de crenças e a liberdade de pensamento: alguns planetas estavam cercados por um escudo magnético de forma que as naves espaciais só poderiam se movimentar no interior da esfera invisível que ele formava, salvo se alguém o desativasse. Da mesma forma, nenhuma nave exterior ao planeta, nenhum intruso tampouco poderia penetrar aquela fronteira invisível, mas tangível. A meus olhos, trata-se de uma bela metáfora sobre outra esfera na qual evoluem nossos pensamentos, delimitados por nossas crenças e impermeáveis às idéias que escapam do campo de influência.

Se para os poetas os pensamentos têm asas, nosso campo de crenças constitui uma jaula, e nossos medos, suas barras mais sólidas. Não há verdadeira liberdade de pensamento sem liberdade de credo, ou seja, sem tomada de consciência das crenças que agem sobre nós. Não se trata necessariamente de renunciar a nossas crenças, mas ao menos objetivar a influência que exercem sobre nós, para não permanecermos prisioneiros. Para isso, é preciso igualmente ir ao fundo dos medos que energizam esse escudo de crenças, na esfera do qual nossos pensamentos giram em círculo e nos impedem de desativá-lo para explorar novos territórios.

Para aquele que não atualizou a rede invisível de crenças tecida a seu redor por sua educação, o pensamento representa um pássaro preso pela pata por um fio que se move apenas em um espaço circunscrito e limitado. Mesmo o cérebro mais brilhante, o mais treinado, não está a salvo dessas influências invisíveis. Na ciência, na política, na economia, em todos os setores, vemos exemplos de grandes "pensadores", de homens e mulheres geniais, cujos trabalhos, apesar disso, foram afetados, limitados ou alterados pelo campo de crença mantido inconsciente. Biografias de personagens como Darwin, Mendel, Einstein, Freud, Pasteur e tantos outros não deixam nenhuma dúvida sobre esse ponto. Não podemos censurá-los, na medida em que a formação científica não ensina mais hoje do que ontem as pessoas a conhecerem a si mesmas, a fim de libertar o pensamento dessas influências subterrâneas que parasitam em torno de seus trabalhos.

Se desejarmos realizar uma verdadeira mudança em nós mesmos, devemos agir, portanto, sobre esse campo subjacente e não apenas sobre a superfície das coisas. Podemos mudar de trabalho, de marido ou de esposa, mudar de país, até mesmo de religião, sempre conservando o mesmo campo de crenças... que logo fará reconstruir a seu redor a reprodução fiel da situação da qual fugimos ou que esperávamos mudar. Uma mulher que era espancada se divorcia e se casa novamente com um marido que bate nela. Um empregado atormentado, pressionado, abandona o trabalho e recai em outra empresa que o pressiona. Um crente foge das restrições impostas por sua religião para adotar outras mais exóticas, mas igualmente opressivas, e assim por diante. Em cada um desses casos, a limalha de ferro mudou de cor, mas continuou a adotar a mesma configuração anterior. "A gente muda, a gente muda, mas é sempre a mesma coisa", costuma-se dizer, na França, uma expressão que reflete até que ponto são inúteis as mudanças que atingem apenas a superfície.

Vemos aqui todos os limites do trabalho isolado consciente e do trabalho isolado sobre os pensamentos: pensamento positivo, compreensão intelectual de comportamentos, afirmações. Se nosso coração não é atingido, se nossas emoções não são levadas em consideração, se nossos bloqueios não são removidos, se nossos medos subsistem em profundidade, se nossas crenças continuam inconscientes, nossa mudança permanecerá superficial e de curta duração. É por essa razão que, cada vez mais, novas psicoterapias levam em conta todas as dimensões do ser humano — espírito, intelecto, afeto e corpo — para produzir mudanças em profundidade no campo de crenças.

Daquele que se detém na elaboração desse trabalho em profundidade e age sobre seu próprio "campo de crenças", as mudanças de superfície tendem, ao contrário, a aparecer deles próprios, como conseqüência natural que teve início no seu interior. Quando realizamos transformações profundas, modificamos primeiro as relações que temos conosco e, depois, com as pessoas próximas, com os pais, amigos e colegas. No espaço de alguns anos, às vezes menos, as pessoas que passam por semelhante metamorfose interior constatam que todo seu meio ambiente também se modificou espontaneamente: novas oportunidades profissionais, nova situação de vida, novas relações com o cônjuge (ou novo cônjuge, segundo o caminho seguido de cada um), sem que tenham decidido ou desejado essas mudanças de forma consciente.

* * *

De maneira geral, a metáfora do campo magnético e da limalha de ferro nos mostra que as transformações superficiais não duram mais do que o ouro aplicado sobre uma superfície não preparada para recebê-lo e que termina por cair. Na melhor das hipóteses, quando impomos essa mudança, quando implantamos à força uma nova forma sobre um fundo que não lhe corresponde, viveremos momentaneamente a ilusão de termos conseguido mudar as coisas, durante o tempo em que essa transformação de superfície for usada, desgastada, até desaparecer, deixando novamente emergir o mesmo fundo inalterado.

É o que acontece, por exemplo, diz-nos André Giordan,[23] do Laboratório de Didática e de Epistemologia de Ciências (LDES) de Genebra, quando a escola aplica um saber exterior sobre idéias preconcebidas das crianças, sem lhes ter dado tempo de identificá-las e deixá-las evoluir. Giordan ilustra essa situação com a concepção do interior do corpo humano pelas crianças: a maioria delas acredita, na verdade, que um tubo parte da garganta e que sua extremidade inferior divide-se em dois para evacuar de um lado o "cocô", e do outro o "xixi". Na escola, ao não levarem em consideração essa

---

[23] Pedagogo, professor de ensino fundamental e médio, diretor de pesquisa do INRP e do CNRS na França, além de ministrar cursos na Universidade Paris VII, André Giordan, atualmente professor da Universidade de Genebra, escreveu, entre outros, *L'Enseignement scientifique à l'école maternelle* (Delagrave), *Une autre école pour nos enfants?* (Delagrave), *Apprendre!* (Belin).

concepção, os professores a cobrem simplesmente com um verniz intelectual explicando às crianças o funcionamento do sistema digestivo (esôfago, estômago, intestino, ânus), que produz as fezes, e depois do sistema renal (rins, bexiga, genitais), que produz a urina. Giordan mostra precisamente em suas pesquisas que esse verniz não adianta nada: vemos assim adultos, incluindo pessoas que trabalham em hospitais, a quem pedimos que desenhem o interior do corpo humano, começar por desenhar o esôfago, o estômago, os intestinos... e depois uma divisão para evacuar a urina pela frente e os excrementos atrás! A concepção infantil, que nunca foi identificada, discutida, questionada, ressurge, anos mais tarde, através da aplicação intelectual fraturada. O ensino desenvolvido por André Giordan e sua equipe, ao contrário, parte das concepções das crianças para fazê-las evoluir. O saber não é mais simplesmente aplicado do exterior, ele é assimilado do interior, como as plantas assimilam a água e desenvolvem suas próprias folhas com base no que é posto à sua disposição.

Outro exemplo: há alguns decênios, um crucifixo antigo desmoronou em uma igreja do Peru. Esse acidente revelou sob a figura cristã a presença de um deus inca. Em seguida, descobriu-se o mesmo fenômeno sob outros numerosos crucifixos da época. Forçados a adotar uma religião que não era a deles, esses habitantes do Peru antigo dissimularam sua fé verdadeira sob as formas que lhes eram impostas. Eles fizeram a demonstração de que se tratava de uma aplicação superficial, através da qual continuariam a praticar a religião de seus ancestrais. Sob a imagem de Cristo, eles continuavam a venerar seu próprio deus inca. A "limalha cristã" em nada mudou "o ímã inca", ou seja, o campo de fé dessas pessoas continuava a existir em suas consciências.

De maneira análoga, as tentativas em vários países do mundo de instituir a democracia entre as populações que viveram muito tempo sob regimes totalitários, muitas vezes, atingiram resultados bem desfavoráveis quando essas populações não efetuaram primeiro o caminho interior correspondente à nova forma política. O "motivo democrático" — o agenciamento da estrutura política — só pode ser duradouro nos países em que o modo de pensar e o funcionamento social evoluíram progressivamente em direção à democracia. O retrocesso democrático que caracteriza a Rússia, no momento em que escrevo este texto, assim como a dificuldade considerável encontrada pelos Estados Unidos em levar a democracia ao Iraque, são exemplos típicos de uma tentativa canhestra de reorganizar, superficialmente, a estrutura política de um país, sem ter primeiro — o que exige muito tempo — dado às populações desses países o acompanhamento e a possibilidade de fazer evoluir sua consciência social e política até o nível correspondente ao espírito democrático. Diz-se em biologia que "a função cria o órgão": seria bom nos inspirarmos nesse ditado quando desejarmos intervir no corpo social de um país, para não implantar neles órgãos democráticos antes que seu funcionamento tenha evoluído em direção à democracia.

Independentemente do setor, acreditamos muitas vezes de forma equivocada que basta bombardear alguém com argumentos, fatos objetivos, provas convincentes, em suma, com a afirmação de nossa superioridade intelectual para que a pessoa mude de opinião e adote a que desejamos impor. A realidade é muito diferente. As crenças não são de ordem intelectual: elas dependem bem mais do emocional e do irracional. A razão, portanto, raramente é o bastante para enfraquecer essas crenças. Sim, é verdade, às vezes se consegue mudar a opinião de uma pessoa, quando ela não consegue mais contrapor argumentos ao que lhe foi imposto. Mas por quanto tempo?... Basta virarmos as costas para que ela retorne às crenças originais, que emanarão cólera em nossa direção, por sermos presunçosos em esmagá-la com nosso saber.

Por desconhecer esse funcionamento, cometemos muitos erros, imperícias e estragos. Na política, por exemplo, algumas pessoas imaginam que basta opor os melhores argumentos aos dos partidos extremistas ou populistas para conseguir convencer os eleitores a mudarem de lado. Pior, acreditam que, ao ridicularizar esses eleitores, desprezando-os, julgando-os de mil maneiras, irão encorajá-los a aderirem a uma outra causa. Ocorre justamente o contrário: quanto mais as pessoas se sentem atacadas, mais elas se defendem e se ancoram em suas próprias convicções. Durante esse período, suas aspirações, suas necessidades, seus medos, as causas profundas que as fazem aderir a determinado programa político ou ideologia não são identificados nem levados em consideração. Resultado: os demais partidos não propõem nenhuma saída para satisfazer essas necessidades, para dissipar esses medos ou responder a essas interrogações profundas.

Remover as convicções políticas do outro, sem procurar compreender que são reflexo de um campo subjacente, é uma estratégia ineficaz, como mostram os resultados progressivos dos partidos de extrema direita, apesar de — ou graças a? — todas as campanhas de desmoralização que sofrem. Ao contrário, a força de Gandhi, por exemplo, foi dar-se tempo de conhecer em profundidade o povo da Índia — suas expectativas, sofrimentos, aspirações etc. — antes de elaborar uma estratégia política que o levasse em consideração, enquanto outros líderes políticos indianos assumiam discursos intelectuais totalmente dissociados da realidade de seus concidadãos. A aproximação de Gandhi, no entanto, também encontrou seus limites: a não-violência não pode ser aplicada ao comportamento superficial de um indivíduo; ela também deve ser o reflexo exterior de uma transformação, em profundidade, de si próprio, sem a qual ela não será duradoura. Podemos, aliás, ampliar essa constatação para alguns métodos chamados "não-violentos" atuais que ensinam que comportamentos adotar, que formulações utilizar para uma comunicação harmoniosa com o outro, mas que agem apenas sobre parte da sombra do indivíduo da qual emana sua violência. Daí o resultado paradoxal: alguns adeptos desses métodos provocam uma violência inconcebível em sua prática da não-violência!

Examinemos um último exemplo dessa metáfora do ímã e da limalha em política: a dos Estados Unidos. A dinâmica do messianismo que presidiu a criação da sociedade americana e a missão da qual esse país se considera sempre portador continuam hoje a influenciar o papel que os Estados Unidos acreditam desempenhar no mundo. Ignorar esse pano de fundo religioso significa privarnos da possibilidade de compreender o que determina as grandes linhas da relação da América consigo própria e com o mundo. Com base nisso, esperar de uma nova eleição, de um novo presidente ou de uma nova administração uma mudança verdadeira e profunda na política americana leva a crer, na nossa metáfora, que basta substituir uma camada de limalha por outra para que se forme um desenho radicalmente diferente. As evidências nos lembram todos os dias que esse não é o caso e que, além do mais, muda apenas a cor política do desenho.

Encontrei em uma obra recente sobre as diferenças sexuais, *Taking sex differences seriously*, de Steven E. Rhoads,[24] uma ilustração inesperada do princípio do ímã

---

[24] Encounter Books, 2004.

e da limalha de ferro. O autor explica que o feminismo, em reação aos excessos anteriores da sociedade machista, durante muito tempo difundiu a idéia de que as identidades masculina e feminina não passavam de construções sociais e que nada tinham de inato, de biológico. Em outras palavras, nossa identidade sexual estaria na limalha, na natureza superficial, e não no ímã, nossa natureza fundamental. Segundo as feministas, bastaria, portanto, dar exatamente a mesma educação a meninos e meninas para que se desenvolvessem de forma idêntica, andrógina. Os partidários dessas teorias também estavam convencidos de que, ao dar a uma criança uma educação deliberadamente orientada para um determinado sexo, seria possível desenvolver nela a tendência correspondente e inibir a outra, fosse menino ou menina.

Os fatos e as numerosas experiências, compilados pela obra de Rhoads, claramente estabeleceram o òposto, ou seja, que, desde o nascimento, uma criança apresenta um comportamento claramente masculino ou feminino, independentemente da educação que receba. Rhoads cita o caso de gêmeos em que um deles, por causa de um erro médico no momento da circuncisão, teve o pênis amputado e acabou castrado. Seu nome adquiriu uma versão feminina, e ele recebeu uma educação típica de meninas no início dos anos 60. A experiência, no entanto, foi um fracasso retumbante: a criança continuou com comportamentos tipicamente masculinos, recuperou seu nome assim que possível e se casou (com uma mulher). Mães muito feministas que tentaram outras experiências visando a educar os filhos sem expô-los a jogos de guerra (revólveres, lanças, fuzis), sem estimular a agressividade ou o espírito de competição, na esperança de fazer emergir uma natureza pretensamente andrógina, também fracassaram e, ao contrário do que pretendiam, colocaram em evidência a natureza inata das características sexuais. Não se faz um garoto polvilhando uma menina de "limalha masculina", em termos simbólicos, assim como não se faz uma menina forçando um garoto a adotar comportamentos femininos.[25]

De maneira geral, vemos com essa metáfora o impasse a que nos pode conduzir uma visão materialista e superficial do mundo, pois ela nos incita a ignorar os determinantes profundos ou escondidos de numerosos problemas sobre os quais pretendemos agir e, em conseqüência, propor soluções que têm apenas um efeito superficial, efêmero. Quer se trate das grandes questões ecológicas com que nos confrontamos atualmente, da violência,

---

[25] Este exemplo e este livro me parecem interessantes, porque penso que a atitude atual que consiste mais em negar as diferenças do que em aprender a administrá-las e a ver nelas sua riqueza apenas conduz a um impasse. Essa atitude é tão ineficaz quanto a artimanha que um motorista de ônibus escolar acreditava ter encontrado para acabar com os insultos trocados diariamente entre negros e brancos: ele fez todos os alunos descerem e explicou que, a partir daquele dia, não haveria mais negros ou brancos — todos seriam azuis...Antes de pedir que subissem no ônibus: os azuis-escuros na frente; os azuis-claros, atrás!

da fome no mundo, do desequilíbrio Norte-Sul ou ainda dos problemas na educação e nas escolas, a maior parte das soluções preconizadas para tais problemas tem por objetivo modificar o desenho da limalha, modificar sua parte aparente. Essa generalização pode parecer prematura e excessiva, mas não é. Isso porque, por trás da diversidade e da complexidade desses problemas, é o modo de funcionamento da psique humana que está em jogo, ou seja, nossa forma de amar e de pensar, e, em particular, as relações que se estabelecem entre nosso coração e nosso intelecto, assim como entre inconsciente e consciente.

Olhemos à nossa volta: todos os objetos que nos cercam, seja um imóvel ou um bibelô, um computador ou um copo, uma estrada ou um poste telefônico, todos foram primeiro desejados e pensados antes de serem fabricados. Trata-se de uma evidência que esquecemos: estamos cheios de desejos e de pensamentos concretizados. Mesmo nossas leis, nossos direitos, nossos valores, esses elementos mais imateriais, que tanto influem em nossas existências individual e coletiva, foram primeiro concebidos pelo pensamento e nutridos pelo sentimento, o que significa que as crises e as dificuldades mundiais que enfrentamos hoje em dia, independentemente da maneira pela qual se materializam em nossas vidas, foram, antes de tudo, o resultado de uma certa maneira de pensar, influenciada conscientemente ou não pelo afeto nela investido.

Einstein dizia que a solução para um problema poderia provir apenas do pensamento que o criou. O mesmo agenciamento dos pólos do ímã produz sempre o mesmo desenho na limalha. Precisamos, portanto, não apenas de um outro pensamento, hoje em dia, mas de uma outra relação entre nossos pensamentos e nossos sentimentos, entre consciente e inconsciente, entre esses dois pólos de nossa natureza que são pais de nossos atos, de nossas realizações materiais.

Essa nova relação se caracteriza, antes de tudo, por considerar a dimensão feminina, escondida, sutil, sempre atuando em nossas atividades, estejamos ou não conscientes dela. O ímã é visto, a limalha também: mas não o campo magnético. Uma idéia pode ser exprimida, sua realização é perceptível, mas não o desejo, os sentimentos que tornam possível a passagem de uma a outra. Sem eles, no entanto, a idéia permaneceria estéril, como uma semente privada de água para germinar. Por mais brilhante que seja, o intelecto não coloca nada no mundo sem a energia nutridora do coração, do sentimento, da paixão, do desejo. Apenas se concretizam os projetos que encontraram um coração no qual podem se estabelecer e tomar forma, muitas vezes inicialmente em uma obscuridade protetora e fecunda.

O desenho da limalha muda apenas se modificamos a disposição do ímã: se aproximamos ou afastamos os pólos, se os colocamos ou não em contato com o suporte sobre o qual a limalha é aplicada. Simbolicamente falando, é da relação entre o coração e o intelecto, portanto, que dependem as mudanças verdadeiras e profundas nas obras humanas. A "guerra dos sexos", o eterno conflito homem-mulher não passa de um reflexo exterior do conflito que opõe cabeça e coração em cada um de nós, e que se reflete em todos os nossos empreendimentos. Atualmente, nossa sociedade pretende dar mais espaço às mulheres: mas o que fazemos para que a escola não desenvolva apenas o intelecto, mas também o coração, nossa mulher interior?... Que espaço deixamos às emoções, aos sentimentos, na escola, no trabalho, em todos os lugares? Da mesma forma que, muito freqüentemente, as mulheres só conseguem existir no mundo moderno ao adotarem uma postura masculina, nossas emoções e nossos sentimentos apenas adquirem cidadania se racionalizados com molho intelectual. A igualdade, portanto, deve começar em nós mesmos. Isso significa equilibrar nosso intelecto e nossos afetos. Implica também conhecer melhor as relações que existem entre consciente e inconsciente, entre luz e sombra, entre alma e corpo. Enquanto em cada um de nossos casais interiores um componente for ignorado ou desprezado, pagaremos o preço desses desequilíbrios, a nós mesmos e ao nosso redor, como constatamos diariamente.

A verdadeira e profunda mudança, no entanto já começou e prossegue em sua consolidação. O desenvolvimento pessoal, a psicoterapia, os diversos métodos de comunicação atribuem ao coração, cada vez mais, o lugar e o papel que merece. A espiritualidade, sob múltiplas formas que são um remédio para o pensamento único, tem tido um aumento de interesse considerável, após ter sido por muito tempo desvalorizada por engano como a água (benta?) do banho da religião. Uma parte crescente da população lê revistas ou livros, ouve programas de rádio, participa de conferências ou faz cursos nos quais aprende a conhecer o "magnético", o feminino, o coração, o oculto. E, sem surpresa, vemos que as pessoas que trabalham suas polaridades interiores — intelecto/afeto, consciente/inconsciente, espírito/corpo — estão mais freqüentemente associadas à origem de novas abordagens na educação, na medicina, na agricultura, nas ciências e outros domínios da atividade humana. A mudança interior se reflete e se traduz no exterior. Uma nova cultura faz assim progressivamente sua aparição ou, mais precisamente, novas culturas — no plural —, como provaram Paul H. Ray e Sherry Ruth Anderson, em seu livro *The Cultural Creatives*.[26] Segundo esses autores, cerca de um quarto da população dos países ocidentais já estaria preocupada com essa evolução. Dessa vez, o ímã mudou primeiro, em profundidade, e mesmo se formas antigas, algumas um pouco rígidas, resistem à nova

---

[26] New York: Harmony Books, 2000.

corrente que as percorre, nada impedirá seu desaparecimento progressivo no futuro e sua substituição por novas estruturas em consonância com essas mudanças profundas.[27]

Podemos, portanto, utilizar a alegoria do ímã e da
limalha de ferro como uma rede de leitura muito interessante do que se passa em nós e em torno de nós. Ela sugere
que não permaneçamos na superfície das coisas, nas aparências. Que recuemos às causas originais. Que ajamos
sobre os determinantes profundos do que queremos
mudar — em nós ou no mundo — em vez de perdermos
tempo e energia modificando uma forma cujo agenciamento obedece, de qualquer jeito, a influências ocultas.

Para mim, um dos denominadores comuns da evolução humana, há mais de um século, é justamente levar
em consideração a face escondida do real que nossos
sentidos não captam, mas cujo papel e influência são
consideráveis. Freud, por exemplo, colocou em evidência a noção do inconsciente, a parte oculta da psique.
Pierre e Marie Curie revelaram a radioatividade, na física. Também foi descoberta uma grande gama de ondas,
base de funcionamento de numerosos aparelhos domés-

---

[27] ... salvo uma catástrofe mundial que alguns, aliás, profetizam. Mas o fim do
mundo que anunciam talvez seja o fim de *um mundo*. Na expectativa de saber
o que reserva efetivamente o futuro, é preferível alimentar esperanças de um
cenário otimista do que deixar o medo nos paralisar e atrair o que tememos.
O futuro será o que fizermos dele.

ticos: rádio, televisão, telefone celular, radar, sonar. Rupert Sheldrake, biólogo inglês, postulou a existência de "campos morfogenéticos", de natureza e energia ainda não esclarecidas, para explicar não apenas como se cria a forma específica de cada ser vivo (questão não-resolvida em biologia), mas, além disso, para descrever como certos aprendizados são transmitidos entre animais ou humanos de um indivíduo a toda uma espécie. Especialistas em comunicação descobriram a importância do não-verbal, o que se diz não apenas com as palavras, mas com o olhar, com a postura, com a entonação. Foram enviados satélites para fotografarem a face oculta da Lua. Pesquisadores ressaltaram a influência olfativa de certos hormônios em doses que escapam totalmente à nossa percepção consciente, mas que não são menos determinantes sobre nossos comportamentos.

O mundo, descobrimos a cada dia, não é apenas matéria, não é apenas o que nossos cinco sentidos nos deixam perceber. Vemos apenas uma débil e diminuta proporção de todo o espectro luminoso, ouvimos apenas uma pequena parte do espectro auditivo, milhões de informações que circulam no universo a cada instante escapam aos nossos cinco sentidos, embora exerçam um papel crucial no funcionamento do mundo visível.

Talvez o mundo físico seja apenas a parte mais densa, mais compacta de uma realidade que apenas começamos a explorar, como sugerem diversas tradições espirituais dos cinco continentes. Como o vapor, que, ao se esfriar, cria primeiro a água e depois o gelo sólido, a matéria talvez seja apenas a condensação de energias sutis — espírito, pensamento, sentimento — que começamos a domesticar.

Ontem, agíamos sobre o mundo pela força física, construindo, esculpindo, trabalhando a matéria. Hoje, informações circulam na internet, impulsos elétricos invisíveis já podem afetar a vida de milhões de pessoas. Amanhã, um maior conhecimento do poder criador e formador do pensamento e do sentimento — assim como das faculdades espirituais do homem — provocará outras evoluções ainda mais espetaculares. Os valores éticos, tão difíceis de serem respeitados em um mundo onde tudo parece separado, submetido ao acaso e à morte, serão evidentes para cada um quando tivermos desenvolvido a consciência da unidade do ser vivo e de uma energia que, como o campo magnético, permanece após o desaparecimento da limalha, sobrevive à destruição dos corpos e às formas efêmeras.

A metáfora do ímã, cujo poder aparentemente mágico fascina as crianças, convida-nos a explorar as dimensões não visíveis do real e a aprender a criar, nos planos sutis, o que desejamos que se manifeste depois no mundo físico.

6.

O ovo, o pinto... e a omelete: da casca ao esqueleto

No ovo, a parte dura é externa (a casca) e a parte mole, interna (a gema e a clara). Por sua rigidez, a casca impede que o conteúdo líquido se derrame antes de o pinto ter tido tempo de se desenvolver em seu interior.

O ovo, chocado da forma apropriada, permitirá a seu conteúdo um desenvolvimento progressivo.

Quando tiver atingido o desenvolvimento total no interior da casca, constatamos que, no pinto, a parte dura passou para o interior — o esqueleto — e a parte mole para o exterior — a carne e as penas.

Como já possui sua própria forma e solidez interior e não necessita mais, portanto, de proteção, o pinto é capaz de quebrar a casca, ultrapassar essa estrutura limitada que se tornou não apenas inútil, mas asfixiante.

Ao quebrar a casca, o pinto prova que atingiu seu desenvolvimento e interiorizou em seu esqueleto a rigidez que caracterizava a capa exterior do ovo.

A passagem do ovo ao pinto é uma metáfora interessante de outras transformações que os seres humanos atravessam. A casca do ovo é um símbolo muito significativo que remete às estruturas nas quais crescemos, quando somos crianças, ou seja, do quadro (ou jugo) familiar, escolar, social, religioso e político em que nos desenvolvemos. Durante a infância, essa estrutura é necessária para nossa formação, nosso crescimento. Temos necessidade desses limites e, assim como o ovo, precisamos de muito calor — de amor, simbolicamente falando — para o desenvolvimento de nosso potencial.

Essa concha, no entanto, tem apenas utilidade temporária: no futuro, somos convocados a quebrá-la, pois não necessitamos mais dela, uma vez que adquirimos nossa própria força interior. Dessa forma, por exemplo, os códigos religiosos e morais que herdamos, no decorrer de nossa educação, deveriam nos permitir desenvolver nossa própria "coluna vertebral moral ou espiritual" para sabermos, literalmente, "nos sustentar": uma vez construído esse esqueleto interior, conseguimos ficar de pé sozinhos e não temos mais necessidade de apoio. Nossa "postura" corresponde ao que realmente somos e não mais ao medo da polícia, às restrições impostas pelo exterior, às leis, às regras, aos códigos morais.[28]

O indivíduo que, no seio do ovo familiar ou social, soube desenvolver seu próprio esqueleto — sua ossatura psíquica e espiritual, seus valores — não tem mais necessidade da concha imposta do exterior e pode livremente quebrá-la. Desde então, é nele mesmo que encontra o suporte e a força para "se sustentar de pé", para andar direito, para não cair por qualquer motivo (e levantar-se quando necessário). Mesmo se todas as estruturas sociais afundam a seu redor, mesmo no meio da anarquia, do caos ou da guerra, mesmo que ele não corra nenhum risco de ser "pego" quando age mal, essa pessoa conserva o mesmo comportamento, uma vez que este vem do interior e se apóia em seus próprios valores. Muitas vezes — e particularmente nos dias atuais —, os indivíduos que possuem sua própria coluna vertebral moral têm valores mais sólidos e mais resistentes do que os do meio ambiente. Seu entorno, tanto familiar quanto profissional, apóia-se, aliás, sobre tais personalidades... quando não são reprovadas por possuir uma constituição tão forte.

Pode-se observar que, além disso, ao longo do tempo, a melhor parte da evolução social se deveu a indivíduos que possuíam essa força interior que lhes permitiu que-

---

[28] Viktor E. Frankl, já citado anteriormente, elaborou, no campo de concentração, uma classificação muito simples das pessoas, que ele aplicava tanto aos prisioneiros como aos guardas: "Há aqueles que sabem se sustentar (*anständig*, em alemão)", dizia, "e aqueles que não sabem".

brar as conchas exteriores de suas épocas, tornadas obsoletas, e propor novos modelos de organização social, política ou profissional às gerações seguintes... na expectativa de que estas fossem, por sua vez, quebradas por uma nova geração de "pintos".

Sabemos que nem todos os ovos de galinha geram, necessariamente, um pinto. Quando uma casca se quebra antes do conteúdo ter tido tempo de se formar, este se espalha, derrama, cai. É assim que fazemos as omeletes ou os ovos fritos. Observamos a mesma coisa no nível humano, particularmente nos fenômenos coletivos. Há, por exemplo, a "omelete social" de maio de 1968* e a libertação que se seguiu. Ao quebrar a casca social, por demais rígida, da época, as lideranças desse movimento abriram uma brecha pela qual saíram não apenas os que eram portadores de novos valores, mas também muitos outros cujo desenvolvimento interior não era obrigatoriamente tão avançado. Mais lamentável, essa geração — em reação à luta que teve que empreender para romper o jugo sociopolítico e religioso — não esteve à altura de propor uma casca mais adaptada à geração seguinte. Ela acreditava poder dispensá-la inteiramente e se permitiu queimar essa etapa da qual via apenas o lado restritivo, negligenciando sua dimensão formadora. Resultado: uma "geração omelete", difícil de ser canalizada, que vimos depois

---

* Rebelião de jovens franceses, contrários ao governo da época, pela retomada da Sorbonne, então ocupada por policiais. (N. E.)

buscar desesperadamente referências formadoras e quadros estruturantes, seja nos confrontos com a polícia, em seitas ou bandos.

Após uma geração de crianças-reis, de crianças-tiranas, como definem periodicamente as revistas, assistimos ao retorno da autoridade na família e na escola, correspondente a um "é permitido proibir" ainda tímido, por ser objeto de uma duvidosa recuperação política (a autoridade estaria associada à direita). O problema estaria resolvido? Não temos certeza. A História é muitas vezes pontuada por idas e vindas pendulares entre posições extremas, sem que se consiga atingir um ponto de equilíbrio. A "omelete social" é um de seus extremos. O outro, falando simbolicamente, é o ovo blindado.

Se a explosão de maio de 68 foi tão forte, é porque a rigidez do ovo social atingia, na época, proporções mortíferas. De fato, um pinto dispõe de um tempo limitado para se desenvolver, chegar à maturidade, quebrar a casca e nascer. Se as condições não são favoráveis, se seu desenvolvimento é incompleto, sua casca se torna seu caixão: ele não sai nunca ou é um natimorto. Da mesma forma, as estruturas educativas, sociais ou políticas não exercem necessariamente o papel que temos o direito de esperar delas. Algumas, como os sistemas totalitários, visam antes a abafar toda possibilidade de evolução, de mudança ou de maturação em seu seio. Outras, sem serem obrigatoriamente tão deletérias, não oferecem simplesmente calor suficiente aos que nelas vivem para que possam desenvolver-se e amadurecer. Outras, finalmente, nunca foram fecundadas pelo germe que propicia ao ovo seu esquema de desenvolvimento e que orienta seu potencial rumo à realização de um ser completo. De maneira análoga, algumas sociedades se fecham hermeticamente a qualquer novo pensamento, aos germes de novas idéias, a um sopro espiritual que poderia redinamizar seu potencial latente. Essas sociedades são estéreis, espiritualmente falando: elas "funcionam", parecem contentes, mas não criam mais, não se regeneram mais e, sem que tenham consciência, freqüentemente já iniciaram seu declínio.

Da mesma forma que, em uma doença auto-imune, o corpo não sabe mais distinguir os germes nocivos que agridem suas próprias "tropas" e volta contra si mesmo seu potencial imunológico, o corpo social francês não sabe mais distinguir entre as organizações e as idéias sectárias e outros organismos e conceitos portadores de um novo sopro com o qual toda a sociedade lucraria. O ovo social fecha-se sobre si mesmo, blinda-se e — por medo de "infiltração" de um germe destruidor — fecha-se a qualquer fecundação por um pensamento novo.

A passagem do ovo ao pinto não é, portanto, sistematicamente garantida e requer uma conjunção de fatores favoráveis: conforme o estado da casca, conforme a temperatura ambiente e a presença (ou não) de um germe, o ovo poderá concluir o pinto do qual detém o potencial.

* * *

Encontramos também na metáfora do ovo e do pinto uma outra noção importante: a da alternância de ciclos de criação e destruição. Se a casca não é destruída, o pinto não nasce. E se, quando adulta, a nova geração de galinhas e de galos não criar por sua vez novas cascas e não fertilizá-las, não haverá uma próxima ninhada. Como já mencionamos, a sociedade ocidental moderna rejeita a morte e, de maneira geral, tem uma visão negativa da destruição, embora ela seja indispensável a toda nova criação. Vemos isso não apenas no arsenal terapêutico utilizado com pessoas no final da vida, que muitas vezes não tem um mínimo de qualidade (ou simplesmente de humanidade), mas também na fossilização do passado a que nos dedicamos, através da arqueologia ou de variadas formas de proteção ao patrimônio, que assume hoje proporções patológicas. Longe de mim a idéia de querer fazer tábula rasa do passado e destruir tudo que é antigo: a humanidade é rica em culturas e patrimônios — e é importante conservar seus traços... pelo tempo que for razoavelmente possível. Mas é esse o caso? Existe também o frenesi terapêutico com as obras dos homens!

Por exemplo, a catedral da Cidade do México já está praticamente morta e só está de pé graças a um considerável reforço de suas fundações. Faz sentido? Da mesma forma, surgem protestos generalizados a cada tentativa de destruição de um inexpressivo prédio não muito antigo para erguer em seu lugar algo novo. Fortunas são gastas para preservar a inevitável ruína do tempo de obras já exauridas... enquanto as mesmas somas poderiam estimular novas criações ou atender a necessidades mais atuais, sejam no campo social, ecológico ou qualquer outro. Existe nessa atitude uma recusa ao envelhecimento, à deterioração pelo tempo, à morte... e paradoxalmente ela própria se torna mortífera, uma vez que se opõe à renovação, à reciclagem, à regeneração que fatalmente traz a morte, seguida de uma nova vida.

A título de ilustração, lembro uma história que aconteceu há cerca de 20 anos em Ladakh-Zanskar, pequena localidade budista (tibetana) ao norte da Índia. Uma fundação européia tinha descoberto uma magnífica e gigantesca estátua de Buda em um templo incrustado nas montanhas. A estátua, muito antiga, começava a dar graves sinais de deterioração e, segundo os membros daquela fundação, necessitava de uma restauração imediata. Eles reuniram os fundos necessários e os encaminharam, com esse objetivo, ao mosteiro. Ao receberem os fundos, os monges se apressaram... a destruir a antiga estátua de Buda e mandar erguer outra do mesmo tamanho, de cores mais brilhantes! A noção de impermanência é de fato um dos conceitos básicos do budismo: nada permanece eternamente igual no mundo material; tudo muda, tudo se transforma, morre e renasce. Por que preservar uma estátua velha? Por que se apegar a ela?... Uma nova preenche exatamente as mesmas funções!

Essa história ilustra, de maneira quase caricatural, as diferenças de mentalidade entre uma sociedade materialista que recusa a morte e uma sociedade espiritualizada que compreende os ciclos eternos da criação e da destruição, da vida e da morte.

* * *

Além das questões de arqueologia ou preservação do patrimônio, nossa atitude diante da morte condiciona também a vida e a morte das estruturas sociais, políticas, econômicas ou educativas que instituímos. Obcecados pelo crescimento e pelo desenvolvimento, não sabemos mais destruir. Nossa sociedade se desenvolve assim como um tumor cancerígeno que prolifera sempre mais, em detrimento do organismo (ou seja, do nosso meio ambiente natural e social, nesse caso). Sem mortes, sem destruição e também sem regeneração real: contentamonos em maquiar a forma para simular mudança, assim como desenharíamos um pinto sobre a casca de um ovo para dar a ilusão de nascimento.

Podemos, portanto, interpretar várias crises atuais — seja da educação nacional, do desinteresse crescente pela política ou diversos conflitos econômicos — à luz da nossa incapacidade de quebrar velhas cascas para fazer nascer novas formas. Estas são abafadas em ovos cada vez mais blindados. Seria preciso, como no caso dos produtos alimentares, prever uma data de validade para os sistemas que implementamos, de forma que, uma vez vencido o período em que seriam considerados úteis, poderíamos mais facilmente desmantelá-los e substituí-los por outros mais adaptados?

Na realidade, mesmo se essa fosse efetivamente uma boa solução, ela não é indispensável para que as coisas evoluam apesar de tudo: nada se opõe permanentemente às mudanças, pois a vida é mudança, e sem mudança nenhuma vida é possível. Nossa única escolha verdadeira diz respeito à maneira de efetuar essas mudanças: suavemente, de forma construtiva.... ou então brutalmente, com ruptura e violência. Recusando a morte e a destruição de marcas de uma época, opondo-nos à mudança e imobilizando o *status quo*, só nos preparamos para transformações brutais e violentas. Corremos o risco de passar uma vez mais de um extremo a outro, de um desequilíbrio a outro e, assim, alternar "omelete" e "ovo blindado", permissividade e autoritarismo rígido — em vez de trabalhar de forma inteligente com os ciclos da vida e da morte que regem todas as coisas, antecipando, desde o nascimento de um sistema ou de uma criação, o desgaste e o fim que fatalmente acontecerão um dia. A metáfora do ovo é, na verdade, uma metáfora cíclica — ovo, pinto, galinha, ovo, pinto, galinha etc. — que nos lembra que a vida, em todos os níveis, funciona por ciclos, e não da forma linear através da qual aprendemos a ver as coisas, sob influência da mentalidade racionalista. A História não é uma reta ascendente, traçada entre abscissas e coordenadas, partindo da pré-história e direcionada a um futuro sempre mais brilhante. É uma espiral na qual se alternam, sem cessar, dia e noite, verão e inverno, construção e destruição, crescimento e declínio, conflitos e paz, inspiração e expiração. Todas as tentativas de nossa parte de suprimir um dos pontos desses pares de polaridade estão, portanto, fadadas ao fracasso. Isso arrebenta os... ovos!

7.

A víbora de Quinton: meio exterior e força interior

O biólogo René Quinton (1867-1925), pai da terapia marinha e da aviação civil francesa, o herói de guerra mais condecorado da história da França, era um personagem fora do comum, em vários sentidos.[29] Embora não fosse médico, como Pasteur, um dia teve uma intuição admirável que o levou a utilizar a água do mar para fins terapêuticos, sob uma forma chamada "plasma de Quinton", que salvou a vida de milhares de pessoas.

Os acasos — às vezes incompreensíveis — da História fazem com que esse personagem, mais conhecido em sua época do que Pasteur e considerado um benfeitor da humanidade, esteja praticamente esquecido hoje em dia, e que o plasma marinho seja utilizado apenas em medicina veterinária, embora represente um suporte terapêutico incomparável na medicina humana.

---

[29] Talvez um dia um cineasta decida consagrar um filme a essa figura excepcional da história francesa, com ótimos resultados.

Este capítulo será dedicado à espantosa intuição de Quinton que, além de suas fascinantes aplicações médicas, é também portadora de ricas lições em termos de metáforas.

Ao passear pela floresta em um dia de outono, René Quinton caiu sobre uma víbora. Levando em conta a temperatura, muito baixa para a época, a serpente, que já deveria ter hibernado, estava bem gorda e se movimentava com dificuldade. O sábio levou-a para casa e colocou-a próximo à lareira, na qual ardia um bom fogo. Ao fim de alguns minutos, a víbora aquecida recuperou a vitalidade e a mobilidade. E começou a se mostrar perigosa.

Ao observar a situação, Quinton teve a seguinte reflexão: "A vida não criou a víbora para que ela seja letárgica e gorda: se ela está desse jeito hoje, é porque surgiu numa época em que a terra era permanentemente quente, permitindo a plena expressão de sua vitalidade."

Com essa primeira intuição, ele elaborou, como veremos, a surpreendente teoria da evolução das espécies zoológicas sobre a superfície da Terra.

Todas as primeiras formas de vida apareceram nos oceanos a uma temperatura de cerca de 43°C,

quando a Terra, no começo uma bola de fogo, já tinha esfriado consideravelmente. Enquanto a terra prosseguia no seu esfriamento, o oceano também perdia alguns graus. Subitamente, as primeiras espécies, que viviam em osmose completa com o meio ambiente, esfriaram com ele. Mas a vida se opôs a esse declínio criando novas espécies capazes de resistir à baixa temperatura, a fim de preservar as condições de vida originais, mais favoráveis. Essas novas espécies não estavam mais, portanto, em osmose total com o meio exterior: elas possuíam agora um meio interior, diferente do meio exterior, reproduzindo as condições iniciais de vida.

No decorrer de centenas de milhares de anos, à medida que os oceanos esfriavam, surgiam espécies cada vez mais complexas, capazes de preservar uma diferença de temperatura[30] cada vez mais expressiva em relação ao meio ambiente exterior, enquanto as espécies precedentes — como a víbora — estavam condenadas a sofrer a deterioração do meio e a viver uma parte do ano em ritmo reduzido.

Portanto, quanto mais o meio exterior se degrada (entropia) e perde sua energia, mais a

---

[30] O meio interior permite, na realidade, conservar vários parâmetros de origem, daí a temperatura. A simplificação é intencional.

vida compensa essa degradação interiorizando o que foi perdido externamente, desenvolvendo novas possibilidades. Quanto mais frio se torna o meio ambiente, mais as espécies aprendem a criar seu próprio calor. Quanto mais alta a concentração salina dos oceanos, mais os seres vivos preservam, em seu meio interior, a concentração salina original. E, nas profundezas marinhas, onde não há luz, apareceram inclusive espécies capazes de gerar a própria luz.

Sem ser místico, Quinton seguiu seu raciocínio até postular que, se um dia o Sol desaparecesse, seria porque foi integrado pelas espécies vivas!

Pertinente ou não no plano zoológico,[31] essa visão oferece, de qualquer forma, uma interessante metáfora de alguns comportamentos humanos.

---

[31] De um modo geral, ensina-se apenas a teoria da evolução segundo Darwin, muito diferente da de Quinton. Não encontrei uma crítica consistente da teoria de Quinton. É certo, no entanto, que ela apresentava, na época, a enorme "falha" de implicar uma forma de *intenção* no aparecimento sucessivo das espécies: o objetivo da vida, segundo Quinton, era o de preservar a *permanência* (temperatura, salinidade etc.) do meio original. Sabe-se que a ciência, em reação à religião, fez tudo para apagar qualquer noção de *teleologia* na evolução das espécies. Hoje, no entanto, muitos cientistas, como Michael Denton, autor de *Evolution*: A Theory in Crisis, apresentam sólidos argumentos científicos favoráveis à idéia de que a evolução poderia obedecer a uma certa intencionalidade e não apenas ao acaso. O debate, de qualquer forma, não terminou.

O que diz Quinton?

Ele afirma que um ser vivo se encontra inicialmente, no nascimento (ou aparecimento), em osmose com o meio ambiente: as características desse ambiente se tornam também, portanto, as dele. O que acontece, em seguida, quando o ambiente se degrada? Alguns seres, na impossibilidade de desenvolverem autonomia, deterioram-se com ele, enquanto outros resistem à degradação e adquirem uma independência em relação às condições do meio exterior, criando um meio interior que poderia suportar uma diferença maior ou menor em relação ao exterior. Em outras palavras, diante do declínio das condições de vida, algumas espécies efetuam um salto evolutivo, comparável ao movimento saudável das patas da rã não-adormecida, para escapar do meio que lhe é nocivo.

O que ocorre com a transposição desse princípio para a existência humana?

Como as espécies que vivem na água, estamos imersos, desde o nascimento, em um meio humano que apresenta certas características: diversos valores familiares, religiosos, de relacionamentos, políticos e culturais nele prevalecem. Absorvemos a maioria, não por educação ou por um ensinamento explícito, mas de forma indireta, subconsciente, por osmose com o meio em que vivemos. Sem nos darmos conta, nosso espírito se molda, assim, à imagem — mais ou menos fiel — do contexto ambiental. "Nossos" valores, "nossas" crenças, "nossa" concepção de vida são assim, em grande parte, o reflexo osmótico daqueles nos quais nos banhamos durante a infância.

Já citei Pascal: "Infeliz o homem que, pelo menos uma vez na vida, não colocou tudo em questão." É na verdade esse questionamento que permite uma seleção de tudo que absorvemos passivamente na infância, a fim de preservar a parte que passará a ser conscientemente nossa, e rejeitar o que não desejamos. Na espera dessa seleção, valores e crenças que parecem nos pertencer são antes de tudo, até prova em contrário, circunstanciais. Se tivéssemos nascido em outra família, em outro país, em outra cultura, "nossos" valores, "nossas" crenças e "nossa" visão de mundo seriam certamente muito diferentes.

Na falta de um questionamento intencional daquilo que nos constitui, uma modificação do meio ambiente pode ser reveladora. Isso pode acontecer de duas maneiras:

— quando nos encontramos subitamente em outro meio, por exemplo, em viagem por outras culturas, outros horizontes;

— quando o ambiente no qual crescemos sofre uma modificação rápida (guerra, depressão econômica) ou lenta (declínio ou evolução progressivos, como no caso da rã).

O filho adolescente de um amigo, por exemplo, foi viver um ano com uma família nos Estados Unidos. Mergulhado no novo meio, o rapaz contou que, depois de alguns meses, perdera a obsessão por higiene que caracterizava fortemente sua família de origem, em nome de uma relação menos maníaca com a limpeza; em contrapartida, preservou o rigor da pontualidade, diferente da família que o acolheu. Essa temporada no estrangeiro ajudou o início da conscientização do que lhe pertencia de verdade, entre o que seus pais e seu país de origem lhe haviam transmitido e comportamentos e hábitos adotados por osmose, mas susceptíveis de desaparecerem em outro ambiente familiar ou social.

Em escala diferente, as guerras têm o papel de revelar a presença ou a ausência do meio interior: alguns descobrem a alma de herói e se opõem à selvageria e à covardia reinantes; outros se alinham ao diapasão geral; outros ainda serão assediados, importunados entre aquilo que aspiram e o que conseguem efetivamente realizar. E ninguém poderá saber verdadeiramente como agiria em circunstâncias semelhantes, salvo se já tiver vivido essa prova de fogo em situação parecida.

De qualquer forma, como vimos com a rã, as mudanças lentas e progressivas são as que mais colocam à prova a solidez e a constância de nossos valores e de nossas crenças. Mergulhada brutalmente na água quente, a rã responde de imediato com um golpe de patas salutar. É fácil reagir a qualquer coisa que se opõe violentamente ao que acreditamos. É mais difícil discernir uma distância pequena em relação ao eixo... sob o risco de ela se tornar a norma do dia seguinte, uma vez que um novo salto anódino cria, por sua vez, uma nova norma ainda mais distante da primeira... e assim por diante. Até o dia em que o acúmulo desses pequenos desvios nos conduz a uma existência tão diferente da que tínhamos de início, assim como a víbora que passa de um clima quente em que é ativa todo o ano para um clima temperado em que é obrigada a hibernar a metade do tempo.

Sob ângulos diferentes e com esclarecimentos complementares, essas diversas metáforas nos falam, no fundo, das mesmas coisas: como permanecer consciente, como desenvolver, afirmar e conservar nossos valores, como resistir ao que vai de encontro à direção que determinamos, como utilizar as circunstâncias adversas para nos fortalecermos.

Essa história esclarece nossa época de forma pertinente. Muitos, na verdade, a julgam "apocalíptica", não no sentido catastrófico que o termo adquiriu, mas na concepção original da palavra: "reveladora".

Há mais de um século, como profetizou Nietzsche em *Crepúsculo dos ídolos*, numerosas estruturas e referências coletivas desapareceram progressivamente umas após as outras. Um grande número de tabus e de interdições caiu por terra. Não se passa mais de um ano sem que sejam esticados um pouco mais os limites da pesquisa, da moral e da ética (manipulações genéticas, clonagem, pesquisas com embriões, eutanásia, casamentos homossexuais e adoção, patentes do que é vivo ou, ainda, na televisão: violência, sexualidade e extremos da realidade televisiva).

O ambiente social, humano, econômico, profissional, político, espiritual e de relacionamentos no qual estamos imersos (para não dizer "o ambiente" apenas), modifica-se a um ritmo acelerado, perceptível atualmente, de uma década a outra, e talvez, brevemente, de um ano a outro. Essas mudanças afetam a todos nós. Mas como?

Vale a pena fazer a pergunta: O que a evolução me revela sobre mim mesmo? No momento em que o clima social esfria, eu sou como a víbora de Quinton, que perde seu calor com o meio ambiente, ou sou mais parecido com os animais de sangue quente, capaz de conservar meu próprio fogo interior? Em um ambiente humano, caracterizado pela entropia e pela obscuridade espirituais, eu me afundo na noite sem mesmo ter consciência ou tenho a minha própria luz interior, minha própria vida espiritual, independentemente do contexto?

Durante o dia, ninguém discerne as estrelas; a noite permite vê-las brilhar. De forma análoga, é durante o frio do inverno que distinguimos melhor os animais de sangue quente dos de sangue frio, aqueles condenados à lentidão e à hibernação. Da mesma forma, em um clima social que preserva uma certa luz intelectual e espiritual assim como uma dose de calor — elo social, amor —, não podemos distinguir as pessoas que brilham e estão aquecidas no interior daquelas que, como o fósforo ou o tijolo, apenas restituem o que captam do meio ambiente. É precisamente quando os valores coletivos e o clima social declinam que distinguimos aqueles que continuam a brilhar e a se aquecer por si próprios.

Por isso a necessidade de se questionar: quando as condições exteriores mudam, o que me pertence genuinamente? O que posso reivindicar como sendo verdadeiramente meu: que valores? que posições? que opiniões ou pontos de vista? Possuo um meio interior pessoal, independente? Sou mais réptil, como a víbora, ou mais mamífero?...

No nível coletivo, a boa novidade é que o número de pessoas capazes de resistir a essa degradação do meio exterior se revela muito mais importante do que poderíamos imaginar se confiássemos apenas nos meios de comunicação dominantes. É pelo menos isso que sobressai de um estudo conduzido por dois sociólogos americanos, de longa duração (cerca de 14 anos) e com larga escala da população (cerca de 100 mil pessoas), estudo que foi publicado em francês sob o nome *L'Émergence des créatifs culturels*,[32] de Paul H. Ray e Sherry Ruth Anderson, já citado.

Os criadores culturais são pessoas como você e eu, com a particularidade de terem em parte se retirado da cultura ambiente para investir em alguma coisa mais de acordo com seus valores: eles escolheram — como você,

---

[32] Éditions Souffle d'Or.

talvez — uma outra forma de cuidar da saúde, ou de educar os filhos, ou um modo de consumo mais exigente (comércio justo, produtos biológicos), ou ainda um modo de vida diferente, uma alimentação mais saudável etc. Em poucas palavras, eles fizeram uma escolha pessoal contrária aos valores dominantes, pelo menos em um setor de suas vidas, em vez de seguir a tendência geral que não lhes convinha.

A expressão "criador cultural" é interessante e reveladora. Na verdade, ela sugere que essas pessoas que resistem à degradação cultural do ambiente agem somente de modo individual, mas conseguem reconstituir — mesmo em pequena escala: uma comunidade, uma empresa, um vilarejo — com novas culturas — plural precioso nesses tempos de pensamento único. Este é um ponto importante. Na verdade, se Quinton demonstrou que a vida é capaz de resistir à crescente entropia do meio ambiente, conhecimentos mais recentes, em ecologia, vão além e indicam que as espécies vivas podem não apenas resistir à evolução do meio em que vivem... mas, por sua vez, transformá-lo. Por exemplo, a estabilidade espantosa da composição mineral do mar — se pensarmos um instante em tudo que nele é despejado diariamente: chuva, aluviões, detritos diversos! — provêm das espécies animais e vegetais (peixes, crustáceos, algas etc.) que nele vivem e operam constantemente para a manutenção do equilíbrio, do qual dependem. Dito de outra forma, essas espécies modificam o meio exterior — o mar — em função de suas necessidades. Sabe-se que existe o mesmo gênero de reciprocidade entre as plantas e o clima de algumas regiões: por um lado, o clima determina as plantas que nascem em determinado lugar e, por outro, essas também o influenciam.

O ser humano tem o mesmo poder. Não apenas ele pode resistir a mudanças sociais contrárias a suas aspirações, mas é capaz de modificar o meio ambiente social para torná-lo mais adequado às suas aspirações. São justamente para iniciativas do gênero que se voltam atualmente os criadores culturais, que conhecem ou não o termo, que têm ou não consciência de implementar determinado processo de resistência individual ou de transformação coletiva. A originalidade de sua abordagem, em relação a outras, mais políticas, é que ela procede, inicialmente, de uma mudança interior que tenta, depois, propagar-se para o exterior.

Os criadores culturais já representariam quase um quarto da população americana adulta (44 milhões de pessoas, ao fim do estudo citado). Mesmo se esse estudo não tiver sido reproduzido na Europa, numerosos indicadores permitem supor que a percentagem de criadores culturais na França atinge uma ordem de grandeza equivalente. Um quarto da população é uma percentagem considerável, mesmo que atualmente não se traduza (ainda) por estruturas sociais ou políticas susceptíveis de influenciarem mais diretamente o curso das coisas (em comparação, é inquietante pensar nos resultados bem menos expressivos que alguns partidos extremistas obtêm em todo o mundo).

Falando simbolicamente, os criadores culturais são, portanto, uma espécie de sangue quente que se esforça, por um lado, apesar da entropia espiritual do ambiente, para preservar um meio interior com sua moralidade e seus valores próprios, ou seja, um certo fogo interior, e depois, em um segundo tempo, para propagar essas qualidades interiores ao ambiente social, para mudar o mundo exterior. Nada, no entanto, os distingue externamente: eles não estão agrupados sob nenhuma bandeira única, não dão provas de nenhuma uniformidade em suas escolhas, mesmo se agem com base no mesmo impulso, na mesma vontade de se opor à decadência. A maioria deles não tem sequer a menor idéia de que são agrupados sob essa denominação. Esta particularidade — a ausência de sinais de reconhecimento exterior — dá o que pensar. De fato, até agora, associamos a noção de "mutação" a uma transformação exterior, visível, das espécies, como a que descreve a visão darwiniana da evolução. Pode ser que com o ser humano venha o tempo de mutações interiores, ou seja, que afetem não sua aparência física nem sua psicologia, mas, antes de tudo, sua visão das coisas, sua maneira de pensar e de amar, as relações que desenvolve consigo mesmo, com seus semelhantes e com o universo. Pode ser que essa mutação, se podemos chamá-la assim, devesse realizar-se individualmente e não ser transmitida automaticamente à descendência, mesmo se uma educação apropriada puder, sem dúvida, favorecê-la. Poderia ser, enfim, que essa fosse a única solução verdadeira para os problemas que a humanidade enfrenta atualmente. A implementação de novas leis, de novas tecnologias, de novos medicamentos — provenientes do modo de pensar que criou todos esses problemas — não pode por si mesma mudar coisa alguma em profundidade nem de forma permanente. A mudança interior — uma nova forma de pensar, de amar e de agir — deve preceder e inspirar o desenvolvimento de meios e soluções que sejam realmente novos e aptos a atacar as causas profundas dos problemas atuais.

Até agora, nós nos interessamos sobretudo pelo que a metáfora da víbora de Quinton nos ensina a respeito da capacidade de vida — seja de um indivíduo ou de um grupo: opor-se à deterioração de seu meio. De certa maneira, enfatizamos a exceção emergente da regra, quando esta não é mais aceitável. Podemos também nos interessar por essa mesma metáfora do ponto de vista oposto. Antes de evidenciar como uma ovelha negra pode separar-se do rebanho que se dirige perigosamente para o abismo, interrogar-se sobre o poder do rebanho, do meio ambiente, sobre a importância do contexto, a força do conjunto. Na verdade, a primeira coisa que indica a teoria de Quinton é a tendência natural do indivíduo a estabelecer uma osmose com seu ambiente, a adotar suas qualidades e/ou defeitos. Foi o que fizeram as primeiras formas de vida que apareceram nos oceanos. É também o que faz a maioria das crianças no meio familiar, religioso e sociocultural em que crescem. De início, a osmose é a regra; e a individualização, a exceção.

Cientes disso, seria conveniente prestarmos mais atenção à atmosfera e aos meios que criamos — ou que permitimos passivamente se desenvolverem por si mesmos — na sociedade, na escola, na família, em diversos contextos nos quais evoluímos. Se criamos pântanos, podemos nos espantar com o surgimento de mosquitos ávidos por sangue? Se permitimos a formação de nuvens de tempestade, por que nos surpreendemos com os raios destrutivos? A regra pela qual, à medida que um determinado meio ambiente se degrada, a maioria dos indivíduos que nele vive tende a se degradar com ele deveria gerar uma prioridade de zelar pela qualidade do meio, do ambiente em geral, das condições de vida.

A pessoa que vive em um meio rural e passa um dia em Paris, por exemplo, vê seu comportamento se transformar imediatamente sob o efeito do estresse típico das grandes cidades: ela fica na defensiva, sua musculatura fica mais tensa, presta mais atenção a seus objetos de valor (carteira, jóias, bolsa etc.). Da mesma forma, quem passa alguns dias em um mosteiro, compartilhando a vida com os monges, certamente sofrerá efeitos desse meio impregnado de uma alternância de cantos, orações, silêncio, trabalho consciente: nesse quadro, subitamente ele não se sente mais o mesmo, talvez até tome consciência de uma dimensão adormecida e que não conseguia manifestar-se em sua vida usual. É fato: alguns ambientes despertam em nós as mais belas predisposições latentes, enquanto outros vêm perigosamente provocar a besta que se esconde no nosso eu mais profundo.

É muitas vezes com as crianças que esse fenômeno é mais evidente, pois a capacidade de resistir à influência do meio só se desenvolve com a idade: dessa forma, uma criança, considerada "difícil", "agitada" ou "inquieta" em determinado contexto (na escola, por exemplo), revela-se muito agradável, cooperativa e de fácil convivência em um contexto diferente (atividades extra-escolares, outra escola etc.).

A cultura individualista tem suas vantagens e inconvenientes: no último caso, enfatizaríamos justamente a capacidade muito reduzida de criar e preservar ambientes sadios e estimulantes em nossas condições de vida, de estudo e de trabalho. Valoriza-se o indivíduo, sem preocupação com o contexto geral em que ele evolui e que, no entanto, influencia-o consideravelmente.

Viver mal em conjunto é uma das mais fortes características da vida na sociedade ocidental moderna e que se traduz por ambientes detestáveis nos quais cada um se esforça para evoluir como um aventureiro na selva. Se esse estado de coisas desenvolve efetivamente em algumas pessoas uma certa força interior, isso não contribui, seguramente, para favorecer a qualidade de vida coletiva.

Na fase da grande moda do "desenvolvimento pessoal", é bom lembrar que um indivíduo sadio e equilibrado, que teve tempo de se voltar para si mesmo e se desenvolver, não existe sozinho, ele evolui em um meio social que pode estar não apenas doente, mas patogênico para os que nele vivem. Sim, podemos nos opor à contaminação pelo meio ambiente, como vimos antes, mas essa resistência tem um preço: ela requer muita energia e esforços que não podem servir a outra coisa. Ao lado do desenvolvimento pessoal, o "desenvolvimento coletivo" ou "desenvolvimento social" deve, portanto, de agora em diante, ser encarado e implementado: conseguir criar um meio que atenda às próprias necessidades do indivíduo mais realizado, favorecendo ao mesmo tempo o desenvolvimento dos outros ("favorecendo", porque o indivíduo é sempre livre para aceitar ou recusar as influências que sofre, inclusive as positivas).

O que quero simplesmente ressaltar é que convém trabalhar às vezes individualmente — como insisti prioritariamente no decorrer deste livro — e no plano coletivo. As pessoas não dispõem da mesma capacidade de tirar partido das condições adversas para se fortalecer e crescer, e é também importante trabalhar para melhorar o meio em que estamos imersos, o contexto geral, para favorecer a evolução de cada um. A metáfora da víbora de Quinton não deveria ser compreendida como uma visão elitista da evolução, que deixaria para trás todos os que não podem se emancipar de condições externas difíceis; ela sugere igualmente que aqueles que atuaram como pioneiros, como os primeiros a efetuar uma mutação interior, tiveram a missão de criar melhores condições exteriores para favorecer a evolução de terceiros.

Que caminho percorrido com essa metáfora da víbora de Quinton! Para começar, vimos que o ambiente exerce naturalmente uma influência sobre os que nele vivem, que tendem a viver em osmose. Em um segundo tempo, ressaltamos como é possível opor-se à degradação desse ambiente, desenvolver autonomia, tornar-se independente do meio. Depois, ultrapassando ou prolongando a intenção de Quinton, enriquecendo as descobertas efetuadas desde então, mostramos que o homem, além das transformações que realizou em si próprio para se libertar do meio, pode em seguida, por sua vez, modificar esse ambiente para torná-lo mais adequado a seus valores e beneficiar os demais com suas melhorias.

"O que não me mata me fortalece", dizia Nietzsche. "O que me causa problemas no exterior eu desenvolvo em mim mesmo", dizia à sua maneira Quinton. "Eu comunico a todos o que desenvolvi em mim para que aproveitem", demonstraram os Jesus, os Gandhis ou os Mandelas da História. Ser influenciado e depois, por sua vez, influenciar; individualizar-se para, em seguida, enriquecer o conjunto; elevar-se acima dos outros e depois conduzi-los às alturas: são essas idas e vindas permanentes entre o individual e o coletivo que dão à evolução alternâncias e ritmo.

Conclusão: cozidas ou não?

Eis que chegamos ao fim desta "Viagem na Alegoria" com sete escalas. Espero que ela tenha propiciado o gosto pela metáfora e feito vislumbrar os ensinamentos que podemos tirar de fenômenos naturais, por mais curto que seja o tempo disponível para observá-los. A natureza é um grande livro: nele, tudo é símbolo, tudo fala àquele que aprende, pouco a pouco, a decifrar a linguagem, a ler as correlações entre as coisas. Onde algumas pessoas vêem apenas o acaso e o caos, outras distinguem ordem e sentido. Fenômenos que, aos olhos de alguns, parecem distintos, separados, sem relação, podem revelar-se para nós estreitamente ligados, conectados, interdependentes. Os símbolos, as metáforas ajudam-nos a restabelecer o elo, a nos religar — conscientemente, desta vez — ao mundo que nos cerca.

Não é por acaso que se assiste atualmente à recuperação de um vivo interesse pelos rituais: livros, artigos, encontros sobre o assunto se multiplicam, com fins pessoal, familiar ou profissional. Os rituais se fundamentam precisamente em símbolos e elos: a vela que acendemos simboliza a chama do espírito que desejamos despertar em nós; os objetos que enterramos representam elementos de nosso passado dos quais desejamos nos desfazer; a árvore que plantamos evoca uma nova criação, um novo começo... Cada gesto que executamos durante um ritual encontra sua correspondência no nosso interior. Quanto mais estivermos conscientes de que tudo está ligado, religado, conectado, mais ficamos naturalmente inclinados a utilizar esses elos, graças aos rituais, para favorecer uma transição, marcar fatos importantes, fazer um luto ou celebrar um acontecimento feliz.

A primeira etapa de nosso caminho é, portanto, a consciência. Consciência atualmente mental, analítica e narcísica — como Narciso, o homem contemporâneo está atualmente absorvido pela consciência de si mesmo que lhe confere sua capacidade de reflexão — que devemos substituir por outra, mais intuitiva, sensível, profunda, que não pára nas aparências, que ultrapassa a superfície refletida pelo espelho mental para atingir uma percepção do mundo mais rica, mais completa. Narciso contempla seu reflexo na água, em que cai e se afoga: eis uma bela metáfora para concluir! O leitor sabe que é a Narciso que devemos os termos "narcose" ou "narcóticos", o que adormece, o que ilude, o sono da morte (plantamos narcisos sobre os túmulos...)? Escolher a consciência, preferir o despertar ao sono, recusar o embrutecimento e o entorpecimento, preferir a vida aos paraísos artificiais, aos universos virtuais: é a escolha de nos abrirmos ao outro, de recriar um elo, enquanto tantos objetos atualmente contribuem para nos isolar uns dos outros em bolhas artificiais. Sim, Narciso deve morrer... mas morrer por uma existência limitada, inconsciente. Sim, ele deve atravessar seu reflexo, quebrar o espelho d'água... mas para alcançar outra dimensão, uma consciência mais ampla que apenas a consciência do eu. É por seu córtex, seu mundo mental, que o homem adquiriu consciência de si mesmo e se diferenciou do mundo animal. Mas essa individuação não é um fim em si, assim como o isolamento da crisálida em seu casulo: ela é o prelúdio de uma nova participação no mundo, uma vez o casulo rompido, uma vez o mental ultrapassado. Os diversos tipos de iogas, a oração, a meditação e a contemplação liberam em nós outras possibilidades, acionam outras percepções e despertam funções latentes que nos permitem transcender nosso ego.

Então, no final das contas, já estamos meio cozidos? Talvez ainda não, mas o fogo arde bem forte sob a panela. Vamos terminar como a rã ou nos libertar como a borboleta? Vamos morrer abafados no ovo ou vamos quebrar a casca, seguros de nossas conquistas internas? Daremos um salto evolutivo ou, como a víbora, permaneceremos répteis espirituais?

Se essa escolha pertence de início a cada indivíduo, ela também será influenciada pela proporção de pessoas entre nós que escolheram a opção evolutiva em vez da entropia mortífera. É muito provável que, após um certo número de indivíduos transformados (a massa crítica), a mudança se torne mais fácil para todos os demais, que permanecem dependentes de uma decisão consciente por parte de cada um. Como aprendemos com o bambu chinês, pode ser que as mudanças invisíveis que muitas pessoas se esforçam para realizar hoje conduzam a uma transformação exterior surpreendente e rápida, no momento certo. É a esperança que me anima e o voto que expresso.